U0115510

王福民 著

靈 犀 詩 論

文史哲學集成

文史哲出版社 印行

國立中央圖書館出版品預行編目資料

靈犀詩論 / 王福民著編. -- 初版 -- 臺北市：
文史哲，民82
面；　公分. --(文史哲學集成：270)
ISBN 957-547-187-3(平裝)

1. 中國詩 - 歷史與批評

821.8　　　　　　　　　　　　　82000054

㉗　成集學哲史文

靈犀詩論

著　者：王　　　福　民

出版者：文　史　哲　出　版　社

登記證字號：行政院新聞局局版臺業字五三三七號

發行人：彭　　　正　雄

發行所：文　史　哲　出　版　社

印刷者：文　史　哲　出　版　社

台北市羅斯福路一段七十二巷四號
郵撥〇五一二八八一二彭正雄帳戶
電話：三　五　一　一　〇　二　八

中華民國八十二年元月初版

實價新台幣三〇〇元

究必印翻・有所權版
ISBN 957-547-187-3

# 自　序

一九四五年我發表了一篇談文學的文章，裡面有一句話這樣說：「哲人所發出的是哲理，哲理之中有天籟，詩人所發出的是天籟，天籟之中有哲理。」

傳統的說法，都認為詩可以意會，不可以言傳。連嚴滄浪也認為詩不可落言筌：「一落言筌，便著跡象」。但西方詩歌底原理一門，以哲學說詩，期其雖落言筌，而又不著跡象。

王國維受德國康德、叔本華思想的影響，拈出「境界」兩個字，來寫他的人間詞話，以與明代公安派所舉出的「性靈」，清代王漁洋所標出的「神韻」爭衡。實則他的光輝的熾烈，叫公安諸子及王漁洋失色，而和嚴滄浪所透露的「興趣」相炳煥。原來嚴羽之說，本乎禪宗，故顯空靈不滯，王氏則透闢玲瓏，發人深省。

諸子爭鳴百家蠭起之後，中國人的學問，變成「境界底」，和西洋的「思辨底」，大異其趣，而詩歌尤著重「境界」。

天文學所說的銀河系和地球距離的哩數，地質學對地質年代的劃分，都是「實際底」時空命題，屬於「思辨底」。其他自然科學的命題也都是如此。孔子所說的「逝者如斯夫，不舍晝夜」，孟子所說的「其氣也，至大至剛，充塞乎天地之間」，是「真際底」時空命題，屬於「境界底」。這是東西文化不同的關鍵，所以王氏拈出「境界」一辭來說詩，洵屬卓論。

王氏而外，善說詩者有：朱光潛、吳經熊、馮友蘭諸子。早歲曾讀朱光潛的「詩歌的顯與晦」一文於人間世半月刊，其說可與王

1

氏互相發明，吳經熊的「李白與杜甫」一文，是用英文寫成的，載於溫源寧所編的天下，經人迻譯刊登於人間世，是一篇極有見地的比較。馮友蘭在新知言等書中，談禪與詩，很能提高讀者的覺解。禪宗的「四料簡」：「有時奪人不奪境，有時奪境不奪人，有時人境俱奪，有時人境俱不奪」之說，詩詞中隨時隨地可找到例證。

我的說詩，最初是得到以上諸子的提示。

文天祥在獄中四年，撰作一些驚天地泣鬼神的詩歌來。他那時認眞地誦讀詩聖杜甫的作品，說：「我心中所要說的話，杜工部都替我說了！」乃集杜甫的句子，成爲他自己的詩兩百多首。洪煨蓮抗戰中被日閥拘繫，曾向日閥要求給他一本聖經，日閥不肯，再要求給他一部杜甫的詩集，又遭拒絕。他只好每日默念其所能記及的經言及杜詩，以支持其獄中的生活，趙紫宸在同一牢中，也日日背誦聖經，默默禱告，口占詩歌，所織成的篇章，恍若詩聖的手筆。

我受他們的影響，用靈修的方法來雄誦古人嘔心瀝膽的作品，反覆吟哦，低迴擊節。以摸觸作者的靈魂，與詩人們「心有靈犀一點通」，藉慰蕭索的平生。

大抵人的肉體是生活在現實的社會裡，心靈卻生活在眞實的世界裡。比方曹操是一世的霸才。他和周遭的敵人、朋友、僚屬、妻妾、子女的關係，建立在利害之上，是虛僞的，但他的心靈，卻渴慕眞實的情誼。這可以從其短歌行引用詩經鹿鳴的句子見之。霸才如此，富情懷的詩人，更是如此。「仁義之人，其言藹如也。」

亂離之際，我羈旅海外，諷誦名作，藉解幽憂。現在中國撥亂反正，物質需要生聚，精神也須要寧息與寄託。美妙的詩篇，是茲潤心靈，怡養情性的資料。周代建國，周公施行六藝之教。溫柔敦厚的詩教，收到「厚人倫，美教化，移風俗」的教養效果，其重要可知。孔子崇仰周公，稱頌三百篇的「思無邪」，歸心周代的文化：

「郁郁乎文哉！吾從周！」反正後的中國，實在須要厲行詩教。

　　我說詩的文章，第一篇撰作於一九四五年，發表於福建省立龍溪中學的青年之友，原題爲：「與林庚教授論曹操的短歌行」，一九四七年再刊登於上海國文月刊第六十期，題目經編者改爲：「再論曹操的短歌行」。其後經大故、世變、去國……這些節目，停頓些時，直至渡菲從事文教工作，才再動筆。最後一篇：「李義山錦瑟詩演義」，一九八五年撰於美南加州；先發表於菲律濱；一九八八年收入北京「文學遺產」雙月刊第五號；一九八九年北美「大地」月刊亦予刊載。

　　爲求較多的工資，上下午和晚上都作工。所以每次撰作，都信手拈來，不假思索，更無暇檢查典籍了。魯迅寫文章，把莊子的話引作老子的，老子的話，引作莊子的，這樣的笑話，我也鬧了不少。

　　發表過的東西，雖曾剪存，但有許多散失掉。就記憶所及，單單說詩的文章，就有「中國六大詩人」、「李白與杜甫」、「竹竿」、等，及其他簡短的說詩小品，積起來，至少有十餘萬言無從追蹤。生活的忙碌與無定，於此可見。如蒙　上主的恩佑，這集子能夠問世，也就算了卻平生的一點心願。

　　　　　　　　　王福民　一九八六·六·二十·西德漢堡

# 靈 犀 詩 論

## 目 次

# 語文雙譯雅歌導論

## 一、解　題

### ㈠至上的書

雅歌直譯是「歌中之歌」(The Song of Songs)。這樣的名稱在以色列人眼中是超特的，無比的。比方舊約時代的會幕及聖殿，被稱為聖所，裡面有個至聖所，由大祭司按規矩抽籤，輪流每年一次進到裡面去燒香。至聖所直譯是「聖中之聖」(Holy of Holies)。以色列人頌揚上主，稱他為「萬王之王」，「萬主之主」(The King of Kings, The Lord of Lords)。這些都有至高 (Most High)，無倫 (Uniqueness) 的意思。

阿基巴拉比 (Rabbi Akiba) 說過一句很有分量的話：「整個宇宙是沒有價值的，直到雅歌賜給以色列人之日，因為全部聖經都是神聖的，而雅歌是聖中之聖」(Robert GORDIS: The Song of Songs p. 1)。這話會叫人駭異，因雅歌表面上看來是毫無宗敎色彩或民族色彩的，竟被高舉到這樣的程度。

在集中找不到上帝的名號，在八章六節裡「耶和華的熱焰」，標準英譯本作"Amost vehement flame"據 Interpreter's Bible 註釋：這是希伯來人用以代表具有至高力量的神聖名號 (Volume 5, 144)。至於具有國家主義色彩的「錫安」，只在第三章第十一節裡提到一次。

1

　　阿基巴拉比的那句話，據我的猜想有兩種意義，第一，這歌集以男女之愛以況喻上帝和以色列民族之愛：「少年人怎樣娶處女你的衆民也要照樣娶你，新郎怎樣喜悅新婦，你的上帝也要照樣喜悅你。」（賽 62：5）以親子之愛況喻耶和華和選民之愛。八章雅歌裡提到「我母親」四次 (1：6, 3：4, 8：1, 1, 2)，「懷我者」一次 (3：4)，「他母親」一次 (3：11)，「她母親」一次 (6：9)，「生養她者」一次 (6：9)，「你母親」一次 (8：5)，「生養你者」一次 (8：5)。次數雖不多，所表現的情感，卻很濃厚。「婦人焉能忘記她吃奶的嬰孩，不憐恤她所生的兒子，即或有忘記的，我卻不忘記你。看哪，我將你銘刻在我掌上，你的牆垣在我眼前」（賽 49：15, 16）。先知的說法是以色人精神的反映，而雅歌被認爲以隱喻的方式出之，所以更加要眇，更加優美，而能感人至深，收效較先知的戟指痛斥爲大。第二，雅歌是一部很優美的文學作品，和普通的經典不同，沒有雅歌，整部聖經便失卻「溫柔敦厚」之旨。

　　是的，男女之愛是人生最大的奧秘，當上帝創造男人亞當，使他住在伊甸園裡之後，覺得他獨居是不好的，便叫他沉睡，取了他的肋骨，造了一個女人，領她到他跟前。亞當說：「這是我骨中的骨，肉中的肉" This is bone of my bones, and flesh of my flesh"」（創 2：23）。

　　有「骨中的骨，肉中的肉」的微妙關係，才能唱出「歌中之歌」，冒出「耶和華（萬王之王，萬主之主）的無上熱焰」來。

　　雅歌自公元九十年 Jamnia 會議重新確定它爲聖經中不可或缺之一卷後，地位從沒有搖動過。

## (二)思無邪

　　雅歌「歌中之歌」，和中國的詩經一樣是世界第一流的文學典籍。孔子批評詩經說：「詩三百，一言以蔽之，思無邪」。許多人如

果眞明瞭詩經的內容，一想到十五國的國風，定會懷疑孔子的說法，特別是有道學家那種方巾氣的人。朱熹在他的詩經註釋裡常以「淫奔之辭」爲題解。旣然詩經的國風裡充滿了「淫奔之辭」，何以孔子竟說它是「思無邪」？原來站在道學家狹隘的立場來看，的確國風裡充滿了「淫奔之辭」，但若站在文學、藝術的立場來說，國風的確是「思無邪」。站在道學家的立場是要表彰「善」，站在文學藝術的立場是要表彰「美」。歸根究柢，「善」和「美」是二而一，一而二的。儒家注重人倫。人倫沒有男女的關係是建立不起來的。俗語說：

> 天下事從一室始
>
> 世人情由平旦初

道家注重順乎自然，如果抹殺男女的關係便是違反自然，墨家主張兼愛，如果不著重男女之愛，在邏輯上也講不過去。法家雖然慘礉寡恩，但如漠視男女的關係，也無從施法令，申刑禁。

詩經國風第一首關雎中有：

> **窈窕淑女　寤寐求之　求之不得　寤寐思服**
>
> **悠哉悠哉　輾轉反側**

這幾行，譯爲語體是：

> 美貌賢淑的女子　我在夢中尋求她　卻求不得　我睡在床上想念她
>
> 愁思像悠悠的水流　叫我翻來覆去睡不著

這樣的內容，詩序竟說它可以「風天下而正夫婦」。

儒家解釋關雎，都根據孔子的「樂而不淫，哀而不傷」（論語八佾）而立論。荀子和史遷都有「國風好色而不淫」的說法，就是告訴我們美感和快感有分別。國風所給人家的是美感，而不是快感。現代一些沒有價值的小說或電影，給人家的是肉感與快感，而

不是美感。

歌底斯拉比（Robert Gordis）在其所著雅歌的序文裡說：

> The inclusion of the Song of Songs in the Biblical canon
> is evidence of the persistence in Judaism of the basic conception
> that the natural is holy, being the manifestation of the
> Divine. On this score too, the Song of Songs, to borrow
> Akiba's phrase, is the Holy of Holies.
>
> (—*The Song of Songs, p. 10*)

茲迻譯如下：

雅歌被收入聖經裡，證明猶太教所堅持的基本概念即人性是聖善的，由於它是從神性中表現出來的。基此：可引用阿基巴拉比的名言：「歌中之歌是聖中之聖」。

上帝本自己的形相以造人，上帝吹氣給人，俾他成為有靈的活人，上帝是靈，拜他的要用心靈與誠實，這些是猶太教和基督教對人性的基本認識。人的一切既出自上帝，上帝特賦給他有超越其他動物的品質（和上帝同樣的），使他能夠認識上帝，和上帝交契，並宰制萬物，那麼，人性的聖善，是無容置疑了。

雅歌用高度的文學手法以表現人類至性之愛的優美，高尚，樂趣，尊嚴，神聖，且被認以人類至性之愛而況喻神人之愛，當然是「歌中之歌」，「聖中之聖」了。

說雅歌是「歌中之歌」，「聖中之聖」，和孔子說詩經是「思無邪」，眞可算是異曲同工了。

不過荀子和史遷所說的「國風好色而不淫」，乃強調美感是高尚的，肉感是卑污的。雅歌的描寫人類至性之愛卻是大膽的，把美感和肉感交融為一的。

中國幾千年來詩歌的基本概念是以詩經爲張本：「國風好色而不淫，小雅怨誹而不亂」。杜甫詩歌理論的中心是「別裁僞體親風雅」。裁汰僞體，不悖詩經好色不淫，怨誹不亂的原則，以風雅爲皈。但西洋人卻大膽地以藝術模擬人類的性慾，以文學描繪人類的性慾，雅歌可說是其泉源之一。

在詩經的國風裡雖然充滿了男女愛情的篇什，但大膽地描繪性慾的卻未曾見，勉強去搜索僅有「周南」的「野有死麕」：

> 野有死麕　白茅包之
> 有女懷春　吉士誘之
>
> 林有樸樕　野有死鹿
> 白茅純束　有女如玉
>
> 舒而脫脫兮　無感我帨兮
> 無使尨也吠

語譯如下：

> 野地裡有死獐　用白色茅草包裹
> 有個女子在懷春　有個情郎在挑逗
>
> 樹林裡有小木　野地裡有死鹿
> 用白色茅草包束　有個女子莊麗得像美玉
>
> 要慢慢而靈活地來啊　別動我的門帘啊
> 別惹起狗吠啊

「野有死麕」這一首，解釋者言人人殊。顧頡剛氏曾解釋末段的「舒而脫脫兮，無感我帨兮」，說是女郎感到性慾的滿足而顫抖，

胡適之先生說是太過了（古史辨第三冊詩經之部）。有人把「帨」
字解作蔽膝之巾。那麼，「無感我帨兮」，便反映那吉士在動手動腳
了。其實這是一首很美麗的描寫戀情的發生與幽會的情景的詩。用
白茅包著死麕以形容女郎雖有莊重的外表，卻有懷春的內心。死麕
包著白茅，看起來很潔白，不久那腥臊的味道終要透出來的。女子
被吉士的挑逗，一天不表露春情，兩三天終會表露的。最後一段描
寫那吉士跑去和靜女幽會，那靜女溫存地說：「要慢慢來啊！」斥
責地說：「別動我的門帘啊！」終又警戒地說：「別惹起狗吠啊！」
把靜女初次和吉士幽會的患得患失，半推半就的神情完全表露出
來。所以這首詩也合乎「好色不淫」的條件。

　　雅歌卻不然。它三次描繪男女床第的私事（2：6，7，3：5，
8：4）茲舉二章六至七節作證：

> O that his left hand
> Were under my head,
> And that his right hand embraced me !
> I adjure you, O daughters of Jerusalem,
> By the gazelles
> or the hinds of the field,
>
> That you stir not up nor awaken love
> Until it please.

我的五古譯文如下：

> 左手爲儂枕　　右摟背至襟
>
> 邾城眾女兮　　諦聽余叮嚀
> 羚羊深山歇　　母鹿郊外行

　　毋令落荒躓　　毋使夢中驚

　　郎儂方繾綣　　欲飽飫春情

## (三)所羅門之歌

　　雅歌的標題：「所羅門之歌，歌中之雅歌」，英文作：The Song of Songs, which is Solomon's。關於 The Song of Song's（歌中之歌），我們在前面已經詳細申論過了，現在來討論「所羅門之歌」。

　　雅歌是一部戀愛詩的集粹（The Song of Songs is an anthology of love poems 見 Gordis：The Song of Songs p.18）。那麼：雅歌裡面七次提到所羅門要怎樣解釋呢？

　　在第一章第一節裡的標題讓許多後人相信雅歌就是所羅門的作品。列王紀上 4：30—31 記著：所羅門的智慧超過東方人，和埃及人的一切智慧，他的名聲傳揚在四圍的列國。他作箴言三千句：詩歌一千零五首。

　　在這裡又好像得了一個佐證：「他的詩歌有一千零五首。」猶太的拉比們認為「所羅門寫過三部經典：箴言，傳道，和雅歌。那一部是先寫的？ ……大拉比海耶（Hiyya）說：所羅門先寫箴言，其次雅歌，再次傳道書……約拿丹拉比（Jonathan）說：他先寫雅歌，其次箴言，再次是傳道。約拿丹拉比是根據人性之常而言的。一個人在年青時代，他唱情歌，當他一切都成熟了，就實踐箴言，當他年紀老了，就看破萬事，而作傳道書。」（本節譯自 Gordis：The Song of Songs 第九面）。

　　但依歌底斯拉比集合學人研究的結果：「所羅門之歌，歌中之雅歌」這標題是編纂這歌集的人所加的，非原來的式樣（參閱原書第十八面）。

　　第一章第五節裡「所羅門的帳幕」，這正像後代人所說的「所羅門王的寶藏」（KingSolomon's Mine），「路易十四的家器」（Louis

XIV furniture）一樣，和所羅門沒有什麼直接的關係。

　　第八章十一、十二節裡，所羅門是用以代表一個擁有鉅額財富的代表，好像「煤油大王」或「百萬富翁」之類。

　　在第三章裡還有三次提到所羅門（7：9，11）這些支持了傳統的說法：所羅門即雅歌中的「良人」（參閱列王紀上十一：1），或稱作「王」。此論看來有理，實則不然。在三章七節中的所羅門沒有加上「王」字，而雅歌中其他許多地方用「王」字（一：4，12七：5）卻不飾作所羅門。所以全書就是這一段提到所羅門是比較特別的。

　　這一段（三：6至11）曾被多數人認為農村結婚進行曲。但詳細研究一下，有以下的困難：

　　1、這段裡有「煙柱」（六節），「六十個善戰的勇士」（七節），和普通詩歌的誇飾不同。十節中有「純銀作柱，黃金作底，坐墊紫色，裡面鋪著象牙」，這決不是想像的。鄉曲的愛侶可以在山林中彼此對說：「我們用香柏作屋棟，絲杉作屋椽」（一：17），但在有限制的情景中提到喬皇華麗的轎車，絕不是質樸的農人們所能歌唱得出的。

　　2、「耶路撒冷眾女子」（3：10）這詞語在雅歌中多次提出（一：5，二：7，三：5，五：8，16，八：4），但「錫安的眾女子」（三：11）只在這裡提過一次，別的地方再看不到。巴勒斯坦的特徵瀰漫全書，而具有民族色彩的標誌——以色列，只在這裡出現一次（三：7）。

　　3、所羅門的名在這裡無法刪掉。第七節沒有「王」字，而所羅門卻不可或缺，十一節如刪去「所羅門」字樣，就破壞了詩歌的韻律（指原文）。

　　這一段無論如何不是農村的結婚歌，因為它的場面豪華，又具

有民族意識的色彩。所以這一段被假定為描寫所羅門和外國公主結婚的歌曲，那公主可能是埃及的。

　　這首詩可作如此解釋：那公主由埃及地上來，有很多的扈從，在曠野中安營，有點像漢妾王昭君出塞的情形，他們在野地燃起煙火。公主的轎車是所羅門送去的，周遭有六十個以色列的勇士保護著。那轎車是用名貴的香柏木為骨骼，是所羅門和腓尼基人通商而輸入的。其裝飾依所羅門奢侈的習性有純銀，黃金，深紫色的坐墊，是耶路撒冷貴族婦人所製成的。

　　這首詩和詩篇第四十五首記載以色列王和一個腓尼基公主結婚的性質相似。詩篇四十五首是向王和公主歌頌的，而雅歌的這一段是敘述埃及公主從曠野裡上來的情形，較像國風裡召南的「何彼穠矣」：

　　　何彼穠矣　唐棣之華　曷不肅雝　王姬之車

　　　何彼穠矣　華若桃李　平王之孫　齊侯之子

　　　其釣維何　維絲伊緡　齊侯之子　平王之孫

茲試譯成白話詩：

　　　怎會那麼穠艷　活像唐棣之華？
　　　怎不叫人肅然起敬　王姬的轎車！

　　　怎會那麼穠艷　活像春天的桃李？
　　　是平王的外孫　齊侯的愛女

　　　她怎樣地垂釣？　用絲線和細繩

是齊侯的愛女　平王的外孫

這場面當然不及所羅門的了！

# 二、時地

## ㈠詩歌與歷史

雅歌是純粹的抒情詩，看不出有什麼歷史的背景，大部份的詩篇都無法繫以年日。

如果講起以色列人的歷史興趣，可以說是勝過印度人。印度人在佛書上常有「距佛出生十萬劫」之類的記載，簡直是在說神話。以色列人的經典，大部份是史籍，記年月也相當清楚，如摩西五經中的利未記，民數記，申命記等，至列王紀，歷代志的史筆已相當謹嚴。當然這些仍比不上中國的典籍那麼準確。中國在兩千五百年前就有一部編年史的春秋，每一史事，繫以年月，絲毫不苟。其後史遷，班固等的成就更加偉大。原來中國人是最富歷史興趣的。

中國的詩，據聞一多的說法，就是記事的歷史。

「詩」字最初在古人的觀念中，卻離現在觀念太遠了。漢朝人每訓詩爲志

詩之爲言志也（詩譜序疏引春秋說題辭）。

詩之言志也（洪範五行傳鄭注）。

詩，志也（呂氏春秋愼大覽高注，楚辭悲回風王注，說文）

……志有三個意義：一記憶，二記錄，三懷抱，這三個意義正代表詩的發展途徑上的三個主要階段（聞一多全集甲一八五）。

謝无量也說：

詩與歷史，最有關係。周代采詩，本用史官。

詩就是一種史料。文中子上有一段：「子謂薛收曰：昔聖人述史三焉，其述書也，帝王之制備矣，故索焉而皆獲。其述詩也，興

廢之由顯矣，故究焉而皆得。其術春秋也，邪正之述明矣，故考焉而皆當。」（詩經研究第七十面）。

是的，毛詩序也說：「……治世之音安以樂，其政和，亂世之音怨之怒，其政乖，亡國之音哀以思，其民困。……至於王道衰，禮義廢，政教失，國異政，家殊俗，而變風變雅作矣。國史明乎得失之跡，傷人倫之廢，哀刑政之苛，吟詠情性以風其上，達於事變，而懷其舊俗也。……」

中國古詩的詩和歷史息息相關，是大家公認的。

按照詩序的說法，幾乎詩經裡每首詩都可清楚畫出它的歷史背景，都和當時的歷史人物有關。詩經每首詩都可反映當時的政治和社會的生活，是不錯的：如果說全是和當時的歷史人物有關，那未免有點牽強。

詩經的年代始於公元前一千一百五十年間，止於公元前五百五十年間。公元前一千一百五十年間的詩歌如大雅大明：

| | | | |
|---|---|---|---|
| 天監在下 | 有命既集 | 文王初載 | 天作之合 |
| 在洽之陽 | 在渭之涘 | 文王嘉止 | 大邦有子 |
| 大邦有子 | 俔天之妹 | 文定厥祥 | 親迎於渭 |
| 造舟作樑 | 不顯其光 | 有命自天 | 命此文王 |
| 於周於京 | 纘女維莘 | | |

文王之妃太姒，是莘人的女兒，有賢德。這首詩是描寫文王娶她的時候，親迎之於渭濱的情景，和雅歌三章，六至十一節描寫所羅門王迎娶外國公主的情景相似。詩經這首詩側重天命和門第，不像雅歌那一首注重排場的毫華。

詩經至吳公子季札聘問列國（公元前五五四），觀周樂時已完成。國風可與史事互證的不勝枚舉，如秦風的黃鳥：

交交黃鳥　止於桑　誰從穆公　子車仲行

　　　惟此仲行　百夫之防　臨其穴　喘喘其慄

　　　彼蒼者天　殲我良人　如可贖兮　人百其身

是寫秦穆公埋葬時三良殉葬的史事。

　　詩經也有許多詩篇，只能反映當時的社會生活，而無法確指是刺某人或刺某事的，舊說有許多是靠不住的。比如鄭風的「緇衣」，詩序說：「緇衣，美武公也。父子並為周司徒，善於其職，國人宜之，故美其德」。茲錄首節如下：

　　　緇衣之宜兮，　敝，予又改為兮。

　　　適子之館兮，　還，予授子之粲兮！

譯為新詩：

　　　黑布衣裁製得很合身，破了我再替你改製。

　　　你上你們的辦公處去，回來時我用笑臉迎著你！

　　這完全是描寫夫婦和悅的生活。妻子在丈夫出門做事之前，對丈夫說的一些溫存的話，絕沒有什麼讚美公侯的跡象，許多解詩的人被成說所蔽。這首詩反映當時社會的安定，人民的知足，所謂「治世之音安以樂」者也。

　　雅歌中除三章六至十一節可確指是描繪所羅門王用轎車迎娶外國公主而外，其他也都和歷史人物無關，但可反映當時的社會生活。茲舉八章十一至十二節為例。這段歌底斯的英譯還較標準譯本清楚：

Solomon owned a vineyard at Báal Hamon

Which he gave over to tenants.

For its fruit one would give

A thousand pieces of silver.

But my vineyard, my very own, is before me.

You, Solomon, are welcome to your thousand,

And your vine-tenders to their two hundred！

我五古的譯文如下：

> 請看所羅門　置一葡萄園　交園丁經營　在巴力哈文
> 為園中果實　人須付千元　余之葡萄園　區區此一廛
> 佳果為我熟　嬌花亦嫣然　敬陳所羅門　君自獲一千
> 園丁培壅苦　應得兩百員

這詩的寓意是說：所羅門有他的財富（Baal Hamon 可譯作富豪），有他的后妃，我也有我日光下應享的分：擁抱著荊釵之妻，也有人生的樂趣。

㈡雅歌的時代

雅歌的時代，起點比詩經稍遲，在所羅門王即位之後，乃公元前九百六十年，終止期比詩經早，約在北國以色列淪亡於亞述手中之前（前七百廿二年）。

第三章六至十一節既被鑒定為描摹所羅門王和外邦公主結婚的情景，雅歌開始於公元前九百六十年之後是沒有問題的了。第六章第四節拿北方的得撒和南方的耶路撒冷對照，那麼那首詩不能遲於公元前八百七十六年暗利建都於撒瑪利亞之時。暗利在位共十二年，建都在得撒共六年，然後以兩他連得銀子，向撒瑪買了撒瑪利亞山，在山上建城，按著山地原主撒瑪的名，稱他的都城為撒瑪利亞。事見列王紀上十六章二十四節。

雅歌集中充滿歡樂逸豫的情緒，絕不見有被擄或亡國的陰影，也沒有古列時代的以斯拉，尼希米重修耶路撒冷及重建聖殿那樣的宗教氣氛與願力。如果照中國人的說法，這是「正聲」，而非變風變雅可以比擬。是的，所羅門王是以色列國最強盛的時代，其後國家雖分裂為二，一切的情景大致不差，是猶太民族、國家的黃金時代，直到公元前七二二年，北國為亞述所滅時為止。

「治世之音安以樂，其政和，亂世之音怨之怒，其政乖，亡國之音哀以思，其民困」（詩序）。雅歌集中沒有衛風的「氓」那「怨以怒」的聲調：

　　……女也不爽　士貳其行　士也罔極　二三其德

也沒有王風的「黍離」的「哀以思」：

　　彼黍離離　彼稷之苗　行邁靡靡　中心搖搖

　　知我者　謂我心憂　不知我者　謂我何求

　　悠悠蒼天　此何人哉

### (三)雅歌的地理背景

希伯來人所居住的迦南地（Canaan）西南越過西乃（Sinai）區及紅海（Red Sea），就可到尼羅河（River Nile）下游的埃及（Egypt），北部的山地是它和另一文化帶米索不達米亞（Mesopotamia）的過度地帶。它是肥沃新月形地區（Fertile Crescent）的西區一向和東區的兩河流域（River Euphrates and River Tigris）並稱，也是西方兩大文化發祥地的緩衝區。他們的祖先由米索不達米亞出來，後來下埃及地去，又和迦南地的土著發生密切的關係，所以學得了巴比倫的法典（Hammorabi），學了埃及人的科學，以及迦南土著的生活方式。

希伯來人在巴勒斯坦（Palestine）建國，僅經三個君王——掃羅（Soul），大衛（David）和所羅門（Solomon），便分裂為兩國，這段的時間是公元前一零二五至公元前九三五年。全盛時員幅北收亞蘭人（Aram）的領土入版圖，南越西乃區與埃及地相接，及分裂後，北部縮至黑門山地（Mt. Hermen）以南，南部則縮至西乃區以北（請參閱聖經地圖）。

雅歌的時代既經判定是公元前九六零年所羅門王登極後，及被擄至巴比倫（公元前七二二）前的產物，那麼，它的地域就是希伯

來人全盛時代的版圖了。

　　這個地帶沒有尼羅河及幻發拉底河與底格里斯河的定期氾濫，且沒有開展的平原，農業當然不能太過發達，僅北部有幾處肥沃的流域，比較富裕，南部因雨量不足，土地磽瘠，所以這地方是半牧畜和半農業的經濟地帶。雅歌自然也具備這種色彩，多次提到牧人，羊群，葡萄園。茲舉第二章十六、十七節為例：

> My beloved is mine and I am his,
>
> He pastures his flocks among the lilies.
>
> Until the day breathes
>
> And the shadows flee,
>
> Turn, my beloved, be like a gazelle,
>
> or a young stag
>
> Upon rugged mountains

這兩節我的五古譯文是這樣的：

> 良人屬乎我　　我屬我良人
>
> 　　良人牧羊在何許
>
> 　　百合花叢綴綠茵
>
> 清風起天際　　煙歛雲翳飛
>
> 良人猶羚羊　　遨遊知所歸
>
> 嵯峨山上鹿　　躑躅偎芳菲

　　詩經和楚辭卻到處令我們聞到農業社會土壤溫馨的氣息，如楚辭離騷中的：

> 余既滋蘭之九畹兮　　又樹蕙之百畝
>
> 畦留夷與揭車兮　　雜杜衡與芳芷
>
> 冀枝葉之峻茂兮　　願俟時乎吾將刈

詩經周頌的「思文」：

　　　思文后稷　　克配彼天　　立我蒸民　　莫匪爾極

　　　貽我來牟　　帝命率育　　無此疆爾界　　陳常于時夏

又「噫嘻」：

　　　噫嘻成王　　既昭假爾　　率時農夫　　播厥百穀

　　　駿發爾私　　終三十里　　亦服爾耕　　十千維耦

　　雅歌中的佳人，稱讚她的良人是「好牧人」，在芳菲中放牧，楚辭離騷中屈原自稱爲播種香花名花的園丁，詩經周頌中周人歌頌他們丕顯的祖先是善於發展農業經濟的領袖。

　　雅歌中的許多城市，山嶺，谷地和鄉土，顯示這部歌集是希伯來王國全盛時代的產物。雅歌的地理背景顯然地以北部以色列爲重心，甚至許多次提到叙利亞（Syria）的地域：在外約但地區，南北邊都曾提到。至於南部的猶大則很少提到。大衛和所羅門二王的版圖正達到雅歌所提北部及約旦河東的這些地帶。

　　西北部的山地曾提及的是黑門（Hermon）山和示尼珥（Senir）山，又有正北的利巴嫩（Lebanon）山和亞瑪那（Amana）山。在北國以色列的中部有書念城（Shunem）是屬乎加利利（Galilee）境內的，和撒瑪利亞（Samaria）相鄰，腓尼基人（Phoenicians）地界的南端靠海的迦密（Carmel）山，迦密山南部的海岸平原沙崙（Sharon）谷地，書念南部，靠近約旦河的得撒（Tirzah），北國的王者暗利曾在此建都六年，前面已經提過了。外約旦（Transjordan）的地區曾在歌中出現的有南部基列區（Gilead）的希實本（Heshbon），可能還牽連到北部的巴珊（Bashan）。至於猶大國的地域絕少被提及。在三章十一節中到錫安（Zion），這是具有民族色彩的。數度提及耶路撒冷（1：5，2：7，3：5，5：8，6：4，8：4），這兩個名字同屬一個地方。此外：只有死海附近的隱基底被提及。

　　從這些地點可得以下的結論：這歌集肇端於所羅門時代，所以活動範圍遠達叙利亞、外約旦地區，終止於北國淪亡在亞述人手中的時候。因為南部的地區很少被提及，可見是以北部為活動的中心。

　　當然了，集中雜有波斯文字，如四章十三節中的 Pardes (Gordis：The Song of Songs p. 23)，所以這歌集在波斯時代曾被編纂及潤飾過的，那是在公元前五六世紀之間。

　　詩經的地理背景是黃河中下游的渭水，涇河，鎬水，澧水，汾河，沁水，淇水，衛河的流域之間，楚辭的地理背景是長江中游的雲夢沼澤地，洞庭湖盆，及其支流湘，資、沅、澧流域之間：是上好的農業地帶，雅歌是產生在約旦河流域之間，是農牧兼半的地帶，因地區的寬狹不同，所以留下來的詩篇的數量，也有豐仄的懸殊。

# 三、性質

## ㈠是祀神曲嗎？

　　對雅歌的性質最摩登的解釋是認為它是祀神曲，並且說是希伯來人譯自「外邦」的。聖經上的史籍不絕地記載著選民隨從迦南地的人民敬拜外邦的偶像，所以這歌集就是外邦淫祀的寫照，和中國楚辭九歌中的湘君、湘夫人一樣。一九一四年捷西（Neuschatz de Jassy），發表論文說雅歌是祭祀埃及主神奧賽累斯（Osiris）典禮的歌曲，同時威肯特（Witekindt）又說是祭祀巴比倫和亞述所崇拜的宇宙生殖神哀絲塔（Ishtar）用的歌曲。

　　巴比倫的農業神叫搭模斯（Tammuz）。相傳他為其妻哀絲塔所殺。後此神由下界送回，遂成為植物在季節中死而復生的表徵。巴比倫人祀為農業神，猶太人染了拜搭模斯的淫祀的禮俗，聖經多

次記載，以西結八：14，15節：

> 他領我到耶和華殿外院朝北的門口，誰知在那裡有婦女坐著，爲搭模斯哭泣。他對我說：「人子啊，你看見了麼？你還要看見比這個更可憎的事。」

因此密克（T. J. Meek）氏在一九二二年發揮偉論說，雅歌是祭祀搭模斯的歌曲。這說法曾發生極大的影響。

接著莫文克爾（Mowin kel）及其他的學者把這論調擴大到舊約許多典籍上去，認爲裡面有豐富的祀神歌曲，大部份是採自迦南人的宗教信仰的。被指爲這一類典籍的，包括詩篇，何西亞，約珥，哈巴谷，路得記，有的全部是，有的部份是祀神曲。

哈拉（Haller）宣稱雅歌是祭祀「春之神」哈瑪沙特（Hag Hamazzot）的歌典，是選民效法迦南人的結果。迦南人在這種的祀神曲中的「良人」就是巴力（Baal），那女郎就是亞斯他錄（Ashtoreth 或 Astarte）。巴力是腓尼基人和迦南人崇拜的神，是代表男性，日頭，如同希臘神話中的周必特（Jupiter），或九歌中的東皇太一，亞斯他錄是迦南人所崇拜的女神，代表女人，月亮，如同希臘神話中的凡紐斯（Venus）。王上十六章卅二節：

> （尼八）在撒瑪利亞建造巴力的廟，在廟裡爲巴力築壇。這樣的事不勝枚舉。王上十一章第五節：

> 所羅門隨從西頓人的女神亞斯他錄，和亞捫人可憎的神米勒公。

選民拜亞斯他錄的事也不一而足。所以哈拉會猜定雅歌乃近東祭祀死而復活之神（The dying and reviving god）的歌曲之擴充。

這些主張雅歌是祀神曲，而且是以色列人效法外邦人敬拜偶像時，從外邦得到資料，或模仿他們的淫祀而製成雅歌之說法，實在經不起考驗。根據珥理克（A. B. Ehrlich）氏所說一句評衡聖經

性質精警簡潔的話：「聖經是希伯來人用一種宗教爲根基的民族文學」（The Bible is the Hebrew's national literature upon a religious foundation）。無疑地，宗教觀念滲透希伯來人生活的每一角，古代以色列人的民族生活完全以宗教爲依飯，但人的肉體和人性絕不能受抹煞，特別是智慧文學的領域中，人性的慾求與願望是非常熱烈的。比方詩篇，戰勝仇敵的慾求，箴言因智慧蒙恩的信念，傳道書於嘗過一切屬世滋味之後，感到空虛，冀盼得到解脫的人生，都是非常的親切。雅歌在聖經中正是屬乎這一（Area of Wisdom）。

　　前面已經說過雅歌是人類至性之愛的流露，絕不見有宗教的成分，怎麼可以和祀神曲等量齊觀呢？更不要說是外邦的祀神曲了！

　　前面最後提到有人認爲雅歌是祭祀死而復活之神（dying and reviving God）的樂章。主要說的人引證當逾越節時聖殿要誦讀雅歌，最早記載這件事是約在六世紀發行的小冊子「律法師」（Sopherim），離開雅歌編成歌集時至少一千年。這是專用於節期的，歌頌春天的，那節期和「亞筆月的節期」（Festival of Abib）之性質相同，在出埃及記中有許多關係這個節期的記載：

　　　　亞筆月間的這日，是你們出來的日子。將来耶和華領你們進

　　　　迦南……那流奶與蜜之地，那時你們要在這月間守這禮。

　　　　　　　　──十三：4、5

　　　　你們要守無酵節，照我所吩咐你們的，在亞筆月內所定的日

　　　　期，喫無酵餅七天。……

　　　　　　　　──廿三：十五

　　然而雅歌全沒有提到春天節日的事，也沒有亞筆月喫除酵餅的任何痕跡，也沒有提任何祭典。如果說是祭祀死而復活之神，何以沒有對死神獻上哭泣，或說及肉身腐化的資料？

　　提出上面主張的人又臆說或者以色列把外邦祭祀死而復活之神

的樂章，改爲祭祀耶和華的樂章。如果這說法對，爲何雅歌中看不見耶和華的聖名呢？

歌底斯拉比對此問題持反對的看法。他說：「雅歌歌頌的是人性之愛，與神事無關，豐富的內容排拒一切寓言性的解釋。全集所表現的都是現世相的，有思愛成病，有素願得償，有愛侶的調情，疏遠與復活。時常指出巴勒斯坦風土的特殊地區，強有力地排除那些主張雅歌的材料曾被用作祀神曲的論調，因祀神曲的要素是有定型的，將是一種擴展和反覆的活動型式。」（Gordis: The Song of Songs 第八面）。

又說：「不管頑固的或新穎的寓言性的解釋，總是受雅歌眞面目所摧毀。傳統的猶太教和基督教寓言性的解釋是雅歌自有其獨立而迷人的實在性，決非祀神曲所曾具備」（同上）。

勞黎（Rowley）氏說得好：「我們爲我們的益處，願一直地尋求雅歌的隱喻，在一切的經驗中，推想那些事物是屬靈的，但不是說它是爲此目的而寫的，或作者有這樣的意念存在心中」（同上）。

如果把雅歌拿來和眞正的中國祀神曲「九歌」比較，便可發現有顯著的不同。

1、九歌是神話，雅歌所說的是人事。中國人一向被稱爲缺乏宗教思想的國家，其祀神曲九歌，卻涵蘊著神秘性，而希伯來人的宗教思想，滲透了他們民族生活的每一隅，其經典中的雅歌，卻沒有一點是人性所無，可見雅歌不是祀神曲。

2、九歌有祭祀的對象，雅歌找不到這對象的痕跡。據聞一多氏的說法：九歌所迎送的神只有東皇太一，其他九神「不妨和東皇太一同出同進，而參與了被迎送的經驗，甚至可以說，被『饒』給一點那樣的榮耀」（全集甲二六六）。

祭禮既非爲九神而設，那麼他們到場是幹什麼的？漢郊祀歌已

有答案：「合好效歡虞（娛），太一……九歌畢奏斐然殊」（同上）。

　　依聞一多氏把九歌列表分類，並與詩經比較，其表如下（全集甲二七二）：

| 神道及其意義 | | | | | | 歌辭 | | | | |
|---|---|---|---|---|---|---|---|---|---|---|
| | | | | | | 內容的特徵與情調 | | | | 外形 |
| 客體 | 東君雲中君湘君湘夫人大司命小司命河伯山鬼 | (自然神)物 | 助祀 | 淫祀 | | 雜曲九章 | 用獨白或蒸話的形式抒寫悲歡離合的情愫 | 似風戀歌 | 哀艷 | 長短句 | 轉 |
| | 國殤 | 鬼 | 陪祀 | 小祀 | 報功 | | 述戰爭壯烈與英雄 | 似雅輓歌 | 悲壯 | 七字句 | 韻 |
| 主體 | 東皇太一 | 神 | 正祀 | 大祀 | 報德 | | 迎神鋪祭過神曲禮儀程曲二式的送章和 | 似頌祭歌 | 肅穆 | 長短句 | 不轉韻 |

　　那麼，很容易看出九歌和雅歌的不同（祀神曲與非祀神曲的分別）了。九歌的對象鬼神及自然神（物），雅歌完全是人與人之間的事。良人的對象是靜女，靜女的對象是良人。九歌區區十首詩可分為戀歌、輓歌和祭歌，就像詩經中的風，雅，頌。雅歌依歌底斯的分法共廿九首，全部是戀歌，如詩經中的風。

　　九歌這部祀神曲每章都有神靈的影子。

　　　　吉日兮辰良　穆將愉兮上皇　……………

　　　　靈偃蹇兮姣服　芳菲菲兮滿堂　……………

　　　　　　　　　　—— 東皇太一

「東皇太一」是主神，歌中第二行便說明目的。最後又提到神

靈臨格的情形。

　　國殤是向殉國英雄（鬼）報功的。最後兩行：

　　　　身既死兮神以靈　　魂魄毅兮為鬼雄

九歌中的戀歌和雅歌也不同。

　　　　……九嶷繽兮並迎　　靈之來兮如雲　　捐余袂兮江中

　　　遺余褋兮醴浦　　搴汀洲之杜若　　將以遺兮遠者……

　　　　　　　　　　　　　　　　　　　　　── 湘夫人

　　　　若有人兮山之阿　　被薜荔兮帶女蘿

　　　　既含睇兮又宜笑　　子慕予兮善窈窕

　　　　　　　　　　　　　　　　　　　　── 山鬼

　　這是神話色彩非常濃厚的。蘇雪林女士說是「神人戀愛」，實在是不錯的。雅歌卻沒有神靈的影子，是人與人之間的純潔愛情。

　　聞一多說：「……這裡我們可以覺察，地域愈南，歌辭的氣息愈靈活，愈放肆，愈頑艷，直到那極南端的（文學產物）湘君、湘夫人，例如後者的『捐余袂兮江中，遺余褋兮醴浦』二句，那猥褻的含義幾乎令人不堪卒讀了。……」（全集甲二七六）

　　這證明九歌是淫祀，當男女在一起跳舞祀神的時候，懸擬人神戀愛的情狀，實地表演出來。

　　雅歌雖然有極放肆，極頑艷的寫法，卻是人與人之間的事情，沒有神靈的影子。猶太教和基督教的神學家，都把雅歌中的男女之愛，以況喻上帝和以色列人之愛，或基督和教會之愛。但那是以人與人之間的肉慾之愛以況喻神與人之間的神聖之愛，和九歌懸擬神與人戀愛而由人與人加以表演的不同。九歌中的淫祀，和希臘神話的故事，如周必特和埃及美女哀荷（IO）相戀的故事，較相似，和雅歌所說的大異其趣。所以雅歌不可能是祀神曲。

### （二）是寓言詩嗎？

把雅歌看做寓言詩，是很早的事了。猶太教和基督教都非常喜歡把雅歌寓言化。在 Talmud（公元一五零年至五百年間的一部律法書，意譯作 to learn）裡便發現有這樣的解釋，至於 Targum（自從尼希米時代起，猶太人要認識聖經，都要靠專家宣讀並解釋，因他們已忘記自己的民族語言了。這類的解釋後來編纂成為典籍）裡面，指新郎是耶和華，新婦是猶太民族。雅歌全書是寓言方式描繪出猶太民族自從出埃及，彌賽亞來臨，直到第三聖殿（Third Temple 也叫做 Herod's Temple，建於公元前二十年，完成於公元六十四年，毀於公元七十年）時代，這段時間和上帝的關係的經歷。

另一種寓言性的解釋是富神祕性的。主要人物是所羅門（Immanuel leen Solomon），他說：雅歌是一部富有人生智慧的書。

今日猶太學人雖不再見有這樣的風氣，但這樣的解釋，卻成為正統派的解釋。

到了基督教的神學家手中，就更加光怪陸離了。雅歌最初被認為所羅門和埃及公主締結良緣的婚歌，基此，遂造成較深的寓言意味。那新郎被解釋作基督，新婦被解釋作教會，及每一信徒。解釋新婦作教會的有澤羅姆（Jerome）奧古斯汀，（Agustine），提奧勞累特（Theodoret），約翰·衛斯理（John Wesley）和為 King James 英譯本寫每章提要的作者。解釋新婦作信徒個人的有：格黎哥利（Gregory of Nyssa）默那地（Bernard of Clairnant）和斯圖亞特（Moses Stuart）等。

羅馬天主教則把新婦解釋為童貞女馬利亞。

根據勿萊德曼（Thomas Brightman）的舉例，一：1 至四：6，是在敘說律法時代的會幕與聖殿，從大衛至耶穌的受死，四：7 至八：14 敘述傳福音的教會，從主後廿四年至基督再來。依照路得馬丁（Martin Luther）的說法：新婦象徵國家，全本集子是所羅門

向上帝歌頌的樂章，上帝使他的臣民效忠於他（本段取材自 The Interpreter's Bible Volume,5：92，93）。

關於寓言詩，聖經中的先知文學可以說是最豐富的淵藪。茲舉何西亞二：2至4節爲例，英文標準新譯本作：

Plead with your mother, plead—

for she is not my wife,

and I am not her husband—

that she put away her harlotry from her face,

and her adultery from between her breasts;

Lest I strip her naked,

and make her as in the day she was born,

and make her like a wilderness,

and set her like a parched land,

and slay her with thirst.

Upon her children also I will have no pity.

because they are children of harlotry.

茲以騷體翻譯如下：

與爾母抗辯兮

蓋彼非余之妻

余豈彼之夫兮

彼淫蕩而沈迷

幸除其面上之尤態兮

去彼胸脯之妖姿

恐余剝脫其衣裳兮

使赤體如初生之時

令乾渴以自斃兮

　　　　如荒漠旱地之可悲

　　　　余不恤其所產兮

　　　　從邪慾而生諸小兒

　　又以西結卅七章以平原上枯骨的復甦而喻以色列的復興，都是有名的寓言詩。

　　中國的寓言詩也非常發達，如論語微子的接輿歌：

　　　　鳳兮，鳳兮　何德之衰　往者不可諫

　　　　來者猶可追　已而，已而　今之從政者殆而

這首詩，充滿了道家憤世疾俗的思想，譏笑儒家，以鳳兮喻聖人。

　　又如孺子歌：

　　　　滄浪之水清兮　可以濯我纓　滄浪之水濁兮　可以濯我足

　　　　　　　　　　　　　　　　　　　—— 孟子離婁

　　詩經中比，興的詩更多是寓言式的。楚辭尤其是著名於善用寓言，如九章的涉江：

　　　　余幼好此奇服兮　年既老而不衰

　　　　帶長鋏之陸離兮　冠切雲之崔嵬

　　　　被明月兮佩寶璐　世溷濁而莫余知兮

　　　　吾方高馳而不顧　駕青虬兮驂白螭

　　　　吾與重華遊兮瑤之圃　登崑崙兮食玉英

　　　　與天地兮比壽　與日月兮齊光……

　　　　亂曰：

　　　　鸞鳥鳳凰　日以遠兮　燕雀烏鵲　巢堂壇兮

　　　　露申辛夷　死林薄兮　腥臊並御　芳不得薄兮

　　　　陰陽易位　時不當兮　懷信侘傺　忽乎吾將行兮

幾乎全用寓言的方式出之。

　　雅歌和何西亞或以西結等先知的寓言詩性質不同，和接輿歌，

涉江等也不類，和滄浪歌就有點近似。

滄浪歌在楚辭的漁父辭中也用到。那漁父唱這首歌的寓意很顯然：滄浪之水清的時候，可以洗我的帽纓，是說太平的日子，天下有道，我們可以出來任事；滄浪之水濁的時候，可以洗我們的腳，就是說，天下無道，我們可以潔身以去，不與世事。

但在孔子的立場看，我們立身處世，要像滄浪水清之時，可以使人洗濯帽纓，不要像滄浪水濁之時，讓人家在那裡洗足。

做這首童謠的，原沒有什麼寓意，但聽這曲是孔子，用「小子聽之，清斯濯纓，濁斯濯足矣，自取之也」一言加上去，就變成寓言詩了。

雅歌也是這樣的，本來是男女純潔的戀歌，經過後人用以比喻宗教上的奧義，便變成寓言詩了。

請看詩經鄭風中的「風雨」：

> 風雨淒淒　雞鳴喈喈　既見君子　云胡不夷
>
> 風雨瀟瀟　雞鳴膠膠　既見君子　云胡不瘳
>
> 風雨女晦　雞鳴不已　既見君子　云胡不喜

這十足是一首戀歌，描寫一位女子在風雨交加，白晝如黑夜的時候，突然遇見她心愛的，大喜過望的心情。但後人把這詩寓言化了，阮籍說：「君子在何許，曠世未合並」！陶潛的「靄靄停雲」：

> 靄靄停雲　茫茫時雨　八表同昏　平陸伊阻
>
> 靜寄東軒　春醪獨撫　良朋悠邈　搔首延佇

就是竊取斯意。

顧炎武說：明清之際就是「風雨如晦，雞鳴不已」的時代。「風雨」這詩本沒有此意，後人把它寓言化了。雅歌亦然。

### ㈢是戲劇嗎？

　　解釋雅歌是劇本的始於希臘文譯經時代，在希臘文譯本圈內找到這說法的來歷。最初主是說的是兩部希臘文譯本：Godex Cinaiticus 和 Codex Alexandrinus，是四世紀和五世紀的產物，裡面附加了許多眉批。

　　Ethiopic 譯本是根據希臘文譯本的，更進一步把雅歌分爲五段，成爲五個劇本。當然了，不必等到路得馬丁的改革敎會，雅歌是劇本的理論就有了很完全的發展。裡面有兩個主角說：男的是所羅門，有時飾作牧羊人，女的是書念女郎亞比煞。雅歌就是這兩人互相愛慕的戀歌。許多學者曾懸擬這劇本的佈景和扮演的方法，最普遍的是黎里茲（Franz Delitzsch，1875），他把雅歌分爲六幕劇，每幕各有兩場。

　　兩主角的解釋自始就非常有力，但它改作爲戲劇，在術語上是矛盾的。這歌集如果是戲劇，何以內容上沒有戲劇性的發展？裡面也不只是兩個人的事。如果只有兩個主角，它就缺乏倫理上的目的。

　　爲補足這樣理理的不足，又產生了三角戀的戲劇說。

　　（伊斯拉 Ibn Izra）顯然是第一個創三角戀戲劇說的人，主角是王和兩個情人（鄉村女郎和牧羊人）。這說沒有到耶可比（J. F. Ecobi，1771）時代便非常廣被了。後來有個作者把新生命注入戲劇說中，這人就是依瓦奧特（Hinrich Ewald，1826），他把雅歌分爲五幕，每幕一場或一場以上。劇情是說所羅門王逗引一美麗的書念女郎，想要贏得她的芳心和愛情，她卻始終不變地愛她那個牧羊人情郎。那麼，這詩歌所說的便不是夫婦之愛，像兩主角說所持的，而是一種純眞的愛了。這樣的理論把所羅門安放在不光榮的地位上，不會是正確的，因爲猶太的拉比定不肯把這樣的書編入聖經中。瓦特曼（Leroy Waterman）引一個猶太經典的編者的說法：這

集子是一個北方的作者侮葳所羅門的作品。但何以猶太人要收這不甚重要的經書在聖經裡呢？戲劇在猶太正統派眼中是不合適的，益使這理論無法建立。如果作者有意寫詩劇，他要用方言，而不用雅言，對於扮演者的身份，台詞的配置，時間的連續，地場和情節的交換，都要非常的顯豁，而不是那麼隱晦了。 （取材自 The Interpreter's Bible Volume 5, p.93）。

聞一多氏「九歌古歌舞劇懸解」一文，把九歌這十首歌舞劇本，用近代的文學手腕加以調整（arrangement）。茲錄湘君如下，讀者在這裡就很難看出它和雅歌有什麼不同：

人物：湘君　湘公子　車夫　男侍數人　女子甲　女子乙　船娘　女侍數人

江心一個小島，島山蘭苣叢中藏著一座小得幾乎像玩具樣的廟子。

是一個深秋的黃昏，落葉在西風中旋舞。

樹葉不時閃著「神光」。剛從島後石灘間迂迴地來到島上的車子，走到廟前停下了。車上的人，除了湘君，都上廟前來。湘君佇立在車上，吹著鳳簫，簫停了，遠處一個女高音開始唱道：

　　　　君不行兮夷猶，蹇誰留兮中洲！

（一隻船滿載著婦女，從右側出現，向著島這邊划來了。）

女甲：

　　　　美要眇兮宜修，沛吾乘兮桂舟。

　　　　令沅湘兮無波，使江水兮安流，

　　　　望夫君兮未來，吹參差兮誰思！

（湘君看見船來了，急忙跳下車來，跑到水邊）

湘君：

　　　　駕飛龍兮北征，邅吾道兮洞庭，

薜荔柏兮蕙綢，蓀橈兮蘭旌。

望涔陽兮極浦，橫大江兮揚靈，（閃著神光。）

揚靈兮未極，女嬋媛兮爲余太息。

（船慢慢靠近岸旁停下了。）

女甲：

　　（掩面悲泣）橫流涕兮潺湲，隱思君兮陫側。

湘君：

桂櫂兮蘭枻，斲冰兮積雪。

桂櫂兮蘭枻，斲冰兮積雪！

采薜荔兮水中，搴芙蓉兮木末（有些氣憤）。

心不同兮媒勞，恩不甚兮輕絕！

女甲：

石瀨兮淺淺，飛龍兮翩翩。

交不忠兮怨長，期不信兮告余以不閒！

（湘君以謝罪的姿式，走上前，把女子甲扶下船來。二人攜手
向草叢中走去了。）

湘君：

鼂騁騖兮江皋，夕弭節兮北渚。

鳥次兮屋上，水周兮堂下。

捐余袂兮江中，遺余佩兮醴浦，

采芳洲兮杜若，將以遺兮下女，

時不可兮再得，聊逍遙兮容與。

湘君，女甲：

鳥次兮屋上，水周兮堂下，

時不可兮再得，聊逍遙兮容與！

（燈光熄，幕下，隨即升起，燈光又明）

甲三一二一一三一五。

如果把雅歌加以調整（arrangement），也不難得到這樣的形式。但所不同的是九歌本質上是楚國人淫祀（漢書地理志說：「楚人信巫鬼而淫祀」）的歌劇，而雅歌是純粹的戀歌。國語楚語：

「古者神民不雜，民之精爽不攜貳者，而又能齊肅中正。……如是，神明降之，在男曰覡，在女曰巫。」

說文：

> 巫，祝也，女能事無形以舞降神者也。像兩人褒舞形。
>
> 覡，能齊肅事神明者。

商事伊尹訓：「垣舞于宮，酣歌于室，時謂之「巫風」。陳太姬好巫，而民淫祀，詩稱「擊鼓於宛邱之上，婆娑於扮樹之下。」

這樣，聞一多把九歌改裝（Arrangement）為現代的歌舞劇是有根據的。雅歌除第六章第十五節提到跳舞之外，再也沒有看到跳舞的事。雅歌非祝神曲，前段已詳論之。兩主角，三主角戀愛的戲劇說沒有根據，又難自圓其說：所以裏面雖有許多戲劇性的對白，卻只能認為具有詩經十五國風那山歌和褒歌的本色，和九歌情節離奇，神秘浪漫的歌劇形式不同科。

### ㈣雅歌與智慧

雅歌在聖經中是列入第三部門，一邊貼近詩篇，耶利米哀歌，另一邊又與箴言，傳道書，約伯記等同科。這一門在聖經裡是很重要的部份，是智慧的淵府（repository of hokmah or Wisdom）。智慧不僅是文學的一支，而且包括文化上一切的技能與藝術。舉凡建築，冶金，航海，縫製，魔術及治國的才能，均可解釋作 hakamin "Wise" 據希伯來拉比的說法 hakamah 也用作「助產婆」。

希伯來古代生活資料被摧毀之後，hokmah 原來的意對也就被忘卻而泯滅，它較具有神學的意味指出形而上與倫理上的真理，穿

上文學的外衣，都是後來發展的結果。它在字義學上的生長，由具體漸趨於抽象。確認希臘文中的 sophia，其含義也是一樣地繁複。這情形在語言上是非常普遍的。sophia 使用於 Hephaestus，是火和藝術之神，使用於 Athena 和 Haedalus，是工匠和藝術家，使用於 Telchines 這原始民族中，有三種意思：一、耕種土地者和諸神之服役者。二、術士，嫉妒之鬼，他有權力呼喚雨雪和雹，以毀壞動物和植物。三、從事於煉冶銅和鐵的技工。普通 Sophia 被用於類似木工，駕車，醫藥和手術的技巧，又使用於卓越的歌唱，音樂和詩篇。這希臘字的本義是手工與藝術上的技巧和聰明（Cleverness and skill in handicraft and art），引伸爲日常生活上的技能，正確的判斷，政治上的智慧與設施（skill in matters of common life, sound judgment, practical and political wisdom），終成爲學問，智慧，和哲學（learning, wisdom and philosophy）。形容詞的 Sopho 產生同樣的意義，使用於雕刻工人，築籬和掘溝的人，但最主要的是形容詩人，音樂家。名詞 Sophistes 是指雕刻或藝術的專家，由現存的典籍看出它是應用於占卜者，烹調者，政治家，而也使用於詩人和音樂家。從柏拉圖以還，通用的意義是職業藝術和教師。

　　Hokmah 最常被用於代表詩與歌的藝術，包括用口唱出，用樂器彈出，或編製詩歌與樂章，這些日常由一個人包辦，需要極高度的技能。耶利米九章十七節記載那些在喪禮中善唱哀歌的婦女叫做 hakamoth。

　　歌和智慧是這麼相近，甚至兩個名詞可以交換。王上四29—34記著：「上帝賜給所羅門極大的智慧聰明……他的智慧……勝過以斯拉人以探，並瑪曷的兒子希幔，……他作箴言三千句，詩歌一千零五首……天下列王聽見所羅門的智慧，就都差人來聽他的智慧話。」

以探、希幔被描繪爲聰明智慧者的代表，而他們是第一聖殿時代的音樂大宗師，唱歌的能手。歷代志上十五章十九節：「派歌唱的希幔，亞薩，以探，敲鑼鈸大發響聲，」是其明證。再者：上面的記載把箴言和詩歌對舉，可見二者關係的密切了。

先知巴蘭之歌叫 Mashal 其原義爲比喻，或者那詩中充滿了比喻（民數記廿三章廿四節）。但其本質上該是歌的同義語（is a synonym for Song）。民數記廿一：27 至 30 那首戰爭的史詩叫 Moshelim, Hidah 這詞（猜謎，神祕的說法），和 Mashal 在一起，是配弦琴的歌（詩篇四九篇四節）。新近由 Ugaritic 的資料證實聖經的傳統，除掉年代的錯誤，指明這種歌唱的組織極其古老。事實上他們產生在迦南人的時代。

智慧的文學開始是具有世俗化的調子，漸漸著上宗敎的色彩。從埃及東方的智慧（Oriental wisdom）的年表清楚地看出來，它的宗敎色彩是後來才顯現的。以色列人也是如此，腓法（Pfeiffer）正確地說「我們確信那（智慧的）世俗化是發達於敬神之前」。最早的希伯來箴言或智慧的片斷，被錄在史乘上的，全是世俗化的。

和智慧文學同樣地發展，或可假定是智慧的旁支，叫做 Shir，它包括詩歌與音樂。歌使用於宗敎儀式中，成爲重要的部分，但決不限獻祭，節期等宗敎活動範圍。事實上是和生活一樣地擴張，好比戰爭勝利，開一口井，收穫葡萄及穀物，宴飲娛賓，死亡的哀榮與悲悼等。

無疑地，許多詩歌具有民族的意義，戰爭勝利，而著上宗敎色彩，如「海之歌」（出十五），「底波拉之歌」（士五）。但民廿一：十七，撒下一：十八，等都是純粹世俗化的詩歌。

雅歌就是具備純粹世俗人的詩歌，裡面充滿愛情和獻媚，它更能引起人類的詩意和音樂感。在這範圍內，性慾和肉體成爲很重要

的部分，傳統的宗教因素是極難立足其間的。埃及古代戀歌和亞卡丹（Akkadian）的文學留到今天的，和當代亞剌伯農民與市民生活一樣，加強這個論點，且成爲了解聖經中詩歌之鑰。

（本段取材於 Gordis：The Song of Songs, pp. 13—16。）

## 四、類型

### ㈠雅歌是情歌彙編

如果不存成見的話，用純粹客觀的態度去審察，不難看出雅歌是一隻情歌的彙編。十五世紀的 Middle High German 譯本就透露這樣的看法，它把雅歌分爲五十四首詩。許多現代的學者一脈相承地接受這論旨，只是區分的方法不同。

一八九三年惠茲太因（J. G. Wetzstein）（波斯駐大馬士磕的領事），曾往前大邁進了一步，叫我們要注意叙利亞農民婚禮的習俗，在婚筵上那一對璧人要坐於「寶座」上，即所謂「王」和「后」了，同時客人唱歌褒美新婦和新郎。在某種情形之下新娘實行「劍舞」。雅歌有許多段落被學者認爲是這類的婚歌。

在結婚時褒美新娘是第二聖殿時代猶太人的習俗，這種技藝是屬乎 Hokmah 的，一部分是 Talmudic（猶太宗教法典）的傳統習俗。同樣的方法實行於歐洲，由詼諧的丑角或唱歌者扮演於婚禮中，直到今天。

另一方面，許多抒情詩在雅歌裡和婚禮或夫婦之愛渺不相涉，正確的結論乃雅歌和詩篇一樣是集子，充滿了情感的音調，包括愛情的渴慕和滿足，撒嬌與戀念，分離與重圓，求愛和成親。

分首的標準是基於主題、觀點、背景的轉移，形式的變易。但這軌範很難完全靠得住而受人家公認，許多要靠文學的經驗和識力，如依賴智識，或註釋之類。註釋是把原文的眞實性重行陳述的

一種藝術，是建基在科學智識上的。

## (二)分章舉隅

雅歌第一章九至十七節常被註釋家認為是一首詩。可是在第九節裡講到法老車前的駿馬，好像是以南部巴勒斯坦為背景。在十四節中又提到隱基底的葡萄園，這地方是死海的西岸，明明是猶大的南部。而底下十七節敘述愛人們幽會於樹林中，「以香柏為房屋的棟樑」，可是巴勒斯坦的南部沒有出產香柏木。所以這幾節應該分為兩首詩：第九至十四，十五至十七。

前一首是敘述那靜女佩戴著豪華的首飾（九至十一節），那個吉士稱為「王」（十二節），當然是新郎。他或者是在婚期中的宴會向他的新娘說話：「你的兩腮……你的頸項……我們要……」，因為她是在他的朋友面前表演的，所以用多數的「我們」。十二節和十三節分明在襯托出性愛：「一囊沒藥正像心愛的，在我胸脯間棲息。」下一首詩卻很簡單地描繪著愛人們在戶外幽會的情形，就不是新郎和新婦的事了。

## (三)雅歌的分類與題旨

甲　渴慕的詩歌

愛的宣召（一：二至四節）

田舍女郎（一：五至六節）

情郎在那裡（一：七至八節）

大膽的宣佈（二：四至七節）

若你做我的兄弟（八：一至四節）

讓我聽到你的聲音（八：十三至十四節）

乙　實現的詩歌

愛情的欄柵（對白）（四：十二至五：一節）

多麼可喜的愛情（七：七至十節）

靜女的諾言（七：十一至十四節）

蘋果樹下之戀（對白）（八：五節）

投降（二：十六至十七節）

### 丙　褒美靜女的詩歌

動人的裝飾（一：九至十四節）

全美的愛人（四：一至七節）

令人消魂的愛情（四：九至十一節）

美的魔力（六：四至七節）

獨一無二（六：八至九節）

### 丁　互相褒美的對話詩歌

香柏作牆垣（一：十五至十七節）

愛人的比喻（二：一至三節）

愛人的歡迎（二：十四至十五節）

### 戊　大自然懷抱中的戀情

歌唱的季節已來臨（二：八至十三節）

山岳的呼喚（四：八節）

愛情的曙光（六：十至十二節）

### 己　美夢的詩歌

失愛者之夢（三：一至五節）

愛情的苦樂（五：二節至六：三節）

### 庚　愛情的偉大

愛的烙印（八：六至七節）

最美的葡萄園（八：十一至十二節）

### 辛　求愛與成親的詩歌

所羅門結婚進行曲（三：六至十一節）

女郎的舞姿（七：一至六節）

愛情的堅壘（八：八至十節）

　壬　愛情的滋味

愛情的苦樂（五：二節至六：三節）

附註：「愛情的苦樂」一首是集中最長的詩歌，是作者刻意經營而成者，可分爲三部分：㈠夢境（五：二），賣俏撒嬌（五：三）渴慕（五：四），㈡褒美良人的歌詞（五：十至十六節），㈢愛情的禮讚（六：二至三節）

## ㈣幾個特徵

⑴「我指著羚羊，或田野的母鹿，囑咐你們」（二：7，三：5），此中的羚羊和母鹿是象徵性的寫法，隱喻著靈雅而可愛的女人。伊迷寧（Ebeling）氏提醒我們注意到巴比倫的魔術儀式中，綁一隻羚羊在床頭，一隻公山羊在腳上。目的是：「我的丈夫會像公山羊這樣地愛我」。但這和一神論的希伯來人的習性不類。

希臘人常指動植物發誓：「指著狗」，「指著樹」。希臘哲學家禁止這樣的作風，顯示他們不曾故意指動物而發誓，像指神祇一般，但用動物作神祇的代用品。這不單是辯解而已，且反映他們對一種不會實現的誓言的影響力存著畏懼的心理。

在拉比的誓詞彙編中，曾用「馬」（gee）代「耶穌」（Jesus），「聖牛」（holy cow）代「聖基督」（Holy Christ），常避諱不敢提上帝的聖名。希伯來人認爲最嚴重的名字就是上帝，如 by the Lord of Hosts" 或" by the Almighty"（萬軍之耶和華，或全能者）。關於這點，是出埃及記廿章七節明文規定要敬畏這聖名，不得隨便稱呼，以斯帖記和傳道書已反映出這傾向，編纂詩篇，及拉比文學中也很明顯地有如此的忌諱。肉慾方面的愛，自然更加不敢觸犯上帝的聖名，要避免指他起誓了。

⑵埃及人和米索不達米亞人很喜歡打獵。埃及的黃金時代

（the Golden Age）曾有這樣的抒情詩：

> 那是多麼好
>
> 若你跟著我
>
> 當我張了羅

張羅是要捕雀的，而他的意思是設圈套叫愛人投入他的掌握中。聖經裡有寧錄，以掃是打獵的能手，而以色列民族卻沒有打獵的生活，所以雅歌沒有這資料。

(3)擬人的文學手法在埃及很是普遍，如「園中之樹」（The tree in the garden）有「樹說」（The tree speaketh）的寫法，雅歌也沒有。

(4)喝酒的生活在以色列是很普遍的。雅歌中常提到酒。

(5)學者曾提以「妹子」喻所愛的女郎，是受埃及的影響。其實這是枝節而牽強的說法。

(6)杜爾辛萊（Tur－Sinai）叫我們要注意八：9：

> 如果他是一座城，
>
> 我要造銀梁麗去衝撞，
>
> 如果他是一重門，
>
> 我們要拿香柏盾去圍攻。

亞述人防兒哭鬧的咒語中有：

> 如他是一隻狗，
>
> 擲一口吃的給牠！
>
> 如他是一隻鳥，
>
> 用土塊拋牠！
>
> 如他是一個淘氣的孩子，
>
> 要用 Anu 和 Antu 的誓語對付他！

這兩種的句法相似，但不能說雅歌是抄襲亞述人咒語的腔調。

比方五：9—16節：

> 你所愛的有甚麼過人的地方，
>
> 啊！你這最美麗的女郎？
>
> ⋯⋯⋯⋯⋯⋯⋯⋯⋯⋯⋯⋯⋯⋯
>
> 我的愛人英俊又殷紅，
>
> 萬人比不上他的高風。

我的五古譯文是：

> 若比他吉士　　所愛究何殊⋯⋯
>
> 所愛勝萬人　　面白雙頰朱⋯⋯

| | | | |
|---|---|---|---|
| 其首若精金 | 髮鬒密氈毷 | 色澤玄以黑 | 玄黑似慈烏 |
| 眼如溪邊鴿 | 閒對靈源立 | 配置眞適宜 | 沐浴以乳汁 |
| 酺猶香花畦 | 其氣郁且烈 | 唇乃百合花 | 沒藥液外洩 |
| 手臂黃金管 | 嵌玉白勝雪 | 象牙雕作身 | 鑲石藍而潔 |
| 脛寄精金座 | 宛然石膏柱 | 貌肖利巴嫩 | 秀於香柏樹 |
| 口吻甜且美 | 全然可愛慕 | 郇城諸女子 | 敢煩爲關注 |
| 斯乃儂良人 | 相知已有素 | | |

秋樂府清商曲中大曲的「陌上桑」那好女秦羅敷褒美其夫婿，如出一轍：

> ⋯⋯何用識夫婿　　白馬從驪駒⋯⋯

| | | | |
|---|---|---|---|
| 青絲繫馬尾 | 黃金絡馬頭 | 腰間鹿盧劍 | 可值千萬餘 |
| 十五府小吏 | 二十朝大夫 | 三十侍中郎 | 四十專城居 |
| 爲人潔白皙 | 鬑鬑頗有鬚 | 盈盈公府步 | 冉冉府中趨 |
| 坐中千餘人 | 皆言夫婿殊 | | |

到底是誰效法誰呢？人類的智慧發展到某一階段會產生這樣的褒歌，東方西方都是一樣的，殊不必硬說這一定是誰抄襲誰的。

⑺雅歌是一部強調人類至性之愛的歌集。這是人性向另一極端

去發展的高度表現。猶太民族崇奉上帝，一切以神旨爲依皈，顯出他們有向心力，有歸宿，但又能抹殺人性。人性傾向肉慾，傾向屬物質的美感與快感。歌底斯說：雅歌找不到貞節與倫理，只有嫉妒與無信。話是有根據的，如八：6 至 7 節：

置余爾心頭　銘鏤作印誌
或在腕臂間　鐫刻成戳記
　　愛情強固死亡境
　　嫉恨凶殘陰府地
厥焰是雷鞭　無上熱且熾
　　衆水淹之不熄滅
　　洪流沖之益縱恣
傾家以求之　必爲所厭棄

但對上帝之愛和對肉慾之愛，在象徵性和寓言性的解釋中得到統一，因爲這兩種愛都是人類至性之愛的表現，一個健全的人都得具備這兩面，缺一不可。拿雅歌以況喻神和人和教會之愛，雖然不是原來的要素，至少和顧炎武解釋「風雨」一詩的意味同樣深厚，令人盪氣迴腸呢！

　　　　　於慶得男嬰之次日完稿，時爲主曆一九五九年七月二十日。

附註：第四各節的資料都是譯自歌底斯："The Song of Songs"導言的。但我的見解和他有許多出入的地方。

# 再論曹操的短歌行

　　國立廈門大學教授林庚先生，主講中國文學史有年，曾撰「談曹操的短歌行」一文，載本刊第二十七期，內容要點如下：

　　一、那首歌行代表人生的兩面——人生的憂患與歡樂。

　　二、自「對酒當歌」至「沉吟至今」是「永垣的愛慕」；自「呦呦鹿鳴」至「鼓瑟吹笙」是「盡情的歡樂」；「明明如月」至「何枝可依」是「把你帶入更深的哀怨去」；但「山不厭高，水不厭深」，終於走入「天下歸心」的結論。

　　三、從「月明星稀」何以會變為「山不厭高，水不厭深」呢？唐人說「一葉落知天下秋」，我們對宇宙的萬有，正應該有一個「知」字：既然是山，豈可不高？「并刀如水，吳鹽勝雪」，既然是刀，就應該雪亮；山海也是如此。

　　四、山海之情是人生的歸宿，烏鵲南飛也是人生的渴念；山海既高深，人在其中，乃有一顆赤子之心。

　　他好像是用研究詩歌原理的方法來研究這首歌行的。他這樣的解釋詩，和我的興趣正相投。因為忻喜的緣故，所以草就這篇文章來湊熱鬧，把林先生講得不夠透闢的地方，再加以充實；意見不同的地方，也坦白的提出來，望林先生與本刊的編者、讀者加以指教！

　　我們把這首歌行詳細念一遍，便可知道裡面沒有一點兒歡樂的成份。

　　詩人和哲學家的感覺都是敏銳的；他們對人生痛苦的感受和反應也特別利害。曹氏在當時是「一世之雄」，當他雄視海內之後，更加感到人生的空虛，── 我們經過一次盛大的遊藝會或慶祝會，在那種會未進行之前，我們是滿懷著熱望，及舉行之後，便常常使我們悵然若有所失。受到那種「空虛」「無聊」的痛苦，是在不知道要舉行那盛大集會之時所沒有的。懂得這個道理，然後來念這首歌行，便思過半了。

　　自「對酒當歌」至「去日苦多」四句，有兩種意思：一是人生的短促；一是人生的痛苦。

　　古代以色列的民族英雄摩西是領導以色列族出埃及的英雄。當他事業初步成功之時，也有同樣的感覺。詩篇九十篇就是他一首感覺到人生是「短促的」「痛苦的」的詩：「你使世人歸於塵土；說：你們世人要歸回。」（第三節）「我們度盡年歲，好像一聲嘆息！」（第九節）「但其中所矜誇的，不過是勞苦愁煩，轉眼成空；我們便如飛而去！」（第十節）不是跟這四句的意思一樣嗎？所不同的，只在摩西已經認識了一位「具體的上帝」，因此他感受的痛苦和缺陷有得彌補。曹操卻不是這樣，「慨當以慷」四句，便是要學一般「玩世派」、「樂觀的悲觀派」或「浪漫派」的人物，用杜康── 酒── 來澆愁解憂了。

　　但酒只能做澆愁之用，根本無法填補人生的缺陷和痛苦。「聖經」「箴言」裡面有一句話：「把濃酒給將亡的人喝，把清酒給苦心的人喝。讓他喝了就忘記他的貧窮，不再記念他的苦楚。」（三十一章六節）

　　林先生又說李白的「烏棲曲」與這首歌行是異曲同工：「姑蘇城上烏棲時，吳王宮裡醉西施。吳歌楚舞歡未畢，青山欲銜半邊日，銀箭金壺漏水多；起看秋月墜江波，東方漸高奈樂何！」是由

沉溺趨於醒覺。

「異曲同工」是對的；但說「烏棲曲」是由「沉溺趨於醒覺」，卻錯的。這是由沉溺轉進更深的愁境——沉溺者的絕路；狂歡者的喪鐘。

「青青子衿」四句，林先生說是永垣的愛慕，我也贊成。但我的解釋卻和他不同。

張若虛的「春江花月夜」裡有兩句：「江畔何人初見月，江月何年初照人?」有兩種解釋：

一、初進化到人類階段的人，那一個在江上先看見月亮；而江上的月亮，是在那一年初把她的亮光照著剛進化為人類的人。

這樣解釋有兩種意義：

㈠這與宇宙發生的問題同樣神秘，應入實在論範疇。

㈡從宇宙劃分出人類來，使我們知道人類的地位：

「……號物之數謂之萬，人處一焉，……此其自比於萬物也，不似毫末之在馬體乎? 五帝之所連，三王之所爭，仁人之所憂，任士之所勞，盡此矣！（言侷促於人類社會也）伯夷辭之以為名，仲尼語之以為博。此其自多也。……」——「莊子」「秋水篇」

二、初進化到人類階段的人，那一個在江上看見月亮，先發見了她的美麗，乃生出種種情感；而月亮在江上，甚麼時候才第一次照得使人類生出感情來?

這也有兩種意義：

㈠是考問人類對於宇宙的認識的一句話，應入認識論範疇。

㈡從人類中再分出有情感的人類來：

1.這時人類懂得過著「超越尋常的自己」底生活，擴大自己，以與宇宙冥契。——「天地與我並生，萬物與我為一。」

2.是佛家所說「有漏因緣」的開始產生。

當人有憂思的時候，對茫茫宇宙和人生發出的問題便更多而更緊逼了；屈原的「天問」，「聖經」裡的「約伯記」便是例證。張若虛那詩的疑問句再下去便是肯定句：「人生代代無窮已，江月年年只相似。」這和劉希夷的「年年歲歲花相似，歲歲年年人不同」一樣。可作如此解釋：

一、把外界看做靜止的，把自己看做時刻在變動的。

二、感覺宇宙的一種「潛在力」是永垣的，我們自己卻是片時的。(其實我們自己也是宇宙的「潛在力」所表現的萬有之一，也是隨著萬有「生生不已」；但我們是有靈感的，對這種「生生不已」是不會滿足的，所以愛慕那個「永垣」。可是結果不免有「人面不知何處去，桃花依舊笑春風」的失望！)

鄭振鐸在「海燕」一文寫他的鄉愁，說他很早在故鄉看到一隻兩隻雋逸的燕子，到了他要離開家鄉出國的時候，坐在輪船上也看到海上有一隻兩隻的燕子；接著又說：是故鄉的那一隻兩隻嗎？

我在十年前看見那些唱歌的少女們用溫潤的歌喉唱著婉轉動人的歌兒，現在也看見很多少女們唱著美麗可人的曲子；是十年前的那些嗎？反觀我們自己的臉上，卻添了不少因憂患而生的人生趨紋。

所以「青青子衿」（是錄「詩經」的句子的）便是宇宙無窮「潛在力」所表現在我們之外的萬有之一；而「我心」卻是「悠悠」地「恰似一江春水向東流」，「不知江月待何人，但見長江送流水」，都是悠悠的注腳。「但為君故」的「君」字，就是他所追求所愛慕的「永垣」的代名詞。既然有自知是「倏忽的」、「渺小的」之明，便面對著那「永垣的」、「無限的」發生孺慕了。「沉吟至今」底緊接上去，就是因為那「無限的」、「完美的」、「永垣的」無法獲得，所以要「沉吟」；杜甫「白頭搔更短」，即是含有這種意思。

曹子建得不到父愛，又受他哥哥的疑忌，當黃初三年的時候，

他「朝京師，還濟洛川」，便懸擬一個瓌妃—— 一個瓌姿豔逸的洛神，而把他那顆既沉重又痛楚的心靈向她傾吐：「託微波而通辭」。到後來還是「恨人神之道殊兮，……悼良會之永絕兮，哀一逝而異鄉。」終於要「顧望懷愁」了！

李白：「雲想衣裳花想容……，」是顯示一個多麼美麗的人兒呢？但人間卻沒有這種人，「若非群玉山頭見，會向瑤臺月下逢。」「呦呦鹿鳴」四句也是摘錄「詩經」的。「三國演義」描寫周郎當他的故人蔣幹來要爲曹操做說客時，他便置酒與江東群英共歡讌他。酒酣耳熱之餘，便唱道：

> 丈夫處世兮立功名，立功名兮慰平生；慰平生兮我將醉；我
> 將醉兮發狂吟！

諸葛亮出茅盧時是個二十七歲的青年，雖然比周郎還少了幾歲，但卻深沉厚重得多，允爲大器。周郎雖然在那時「小喬初嫁了，雄姿英發」，而實在說起來，卻沒有第一流人物「蘊蓄」、「吞吐」、「含忍」的修養。所以曹操看不起他，說是「虛受其名」。寫小說的人意匠心營地刻劃周郎的性格，所以這首歌在他的嘴裡唱出來，他對人生的秘密沒有往深裡體味的弱點便暴露無遺了。

我們再看那管兵只會管十萬、卻會駕馭很多的大將的流氓劉邦，當他回故鄉時，也在酒酣耳熱之餘唱出一首歌來，他的深謀遠慮的心機也暴露無遺：

> 大風起兮雲飛揚：威加海內兮歸故鄉；安得猛士兮守四方！

有人說這首歌是匹夫僥倖成功之後患得患失的心理表現。曹操在這裡是沒有得失可患的，因爲他還沒有得「四方」呢；但也不像周郎那樣的不懂得往深裡體味的。他滿想「鼓瑟吹笙」來填補人生的空虛與缺陷，但是淡忘片刻的印象，終會更活現的顯出來：

> 明明如月，何時可掇（掇輟通）？憂從中來，不可斷絕！

張若虛的「玉戶簾中捲不去，擣衣砧上拂還來」與這句話同意。王維的「紅豆生南國，春來發幾枝，願君多採摘，此物最相思。」這一首詩使紅豆有了「相思子」的美名。張若虛是以為月亮柔美的光輝，最能引起人們興思的；雖然所激起的情波，有各種不同的形式，但當它抒發的時候，真是「捲不去」、「拂還來」的。曹操所感受的痛苦正是這麼的討厭！月亮的光輝有掇的時候；他的愁緒卻沒有掇的時候；真是「剪不斷」，「理還亂」啊！

　　再下去他寫到那些故人「越陌度阡」的來「相存」，互相「契闊談讌」，暢叙舊情，也沒有孟浩然「故人具雞黍，邀我至田家。綠樹川邊合，青山谷外叙。開軒面場圃，把酒話桑麻。待至重陽日，還來就菊花」的逸致；卻像杜甫贈衛八的「人生不相見，動如參與商。今夕復何夕？共此燈燭光！」是懷著無限人生「無常」與「蕭瑟」的歎氣。因此緊接這四句的是：

　　　月明星稀，烏鵲南飛；繞樹三匝，何枝可依！

拜倫有一次在他的朋友家裡看到一幅畫：一條悠長的古道，有一群羊，由牧者監護著，在快到黃昏的時候回家。拜倫掉下眼淚了。他的朋友問他為甚麼落淚？他答道：「我想我也是一條羊！」所謂李白做的「憶秦娥」有「何處是歸程？長亭更短亭！」詞裡面還有「過盡千帆皆不是」的名句。體會這些名句的微旨，便可知道在牧人監護之下的悠長古道上的歸羊是幸福的。我們是宇宙之子，我們需要人生的歸宿，所以我們有一種「向心力」；這「向心力」使我們時時刻刻過著一種「超越尋常自己」的生活。每在「江水流春去欲盡」的時候，「碣石瀟湘無限路」的當中，我們沒有忘記了家鄉：「不知何處吹盧管，一夜征人盡望鄉！」曹操找不到人生的歸宿，便不免有「何枝可衣」的彷徨了！

　　老子主張要「虛其心，實其腹」，因為沒有思慮，沒有慾望

—— 無營無欲—— 才有安謐。渾渾噩噩的人是不會醒覺的，是不管人生有沒有歸宿的。楊修嗟歎那個被曹操在夢中殺死的近侍說：丞相不在夢中，君乃在夢中耳！「詩經」的「隰有萇楚」是寫出無知的快樂。

隰有萇楚，猗儺其枝，夭之沃沃，樂子之無知！

徐志摩說：我們不幸生做文明人。而曹操不幸是「不在夢中」的曹操，他是有慾望有野心底「吃肉動物」；「東方漸高」能使沉溺者轉進更深的悲哀，這「一世之雄者」，經過了「龍騰虎躍」的生活之後，由「慨當以慷，幽思難忘」到「憂從中來，不可斷絕」；再進一步，竟在漫長的人生歷程上找不到一枝可棲；這是多麼令人悲哀的事情呢！

但他終有一種希冀，想拿來填補這個缺陷：

山不厭高，海不厭深；周公吐哺，天下歸心。

梁啓超有一首「志未酬」的詩：「志未酬。問君之志幾時酬？志亦無盡量，酬亦無盡期……」因此既然是山，當然要越高越好；既然是海，也是越深越好；因為人的慾望是填不滿的。這和伯牙的「巍巍兮若高山，洋洋兮若江河」不是同調的，伯牙用「山海之情」來寫「人生的歸宿」，而野心勃勃的「曹操」，在感到心靈上的「日暮途窮」的時候，便想「倒行而逆施」了！可是「天下」還沒有「歸心」之際，卻不敢露骨，以篡奪自居，所以用周公來自況，這不過是個假面具而已；野心勃勃的曹操那裡來的一顆「赤子之心」呢！（在三國時候，曹操比起劉備、司馬懿輩，當然是比較可喜的人物。有機會當另撰一文討論之。）

—— 國文月刊六十期（1947）

# 高臺多悲風

曹植雜詩第一首「高臺多悲風」，文選李善注多苟簡，我在這裡要來一種較詳的臆說：非敢厚誣古人，用抒己見而已。茲錄原詩如下：

> 高臺多悲風　朝日照北林　之子在萬里　江湖迴且深
> 方舟安可極　離思故難任　孤雁飛南遊　過庭長哀吟
> 翹思慕遠人　願欲託遺音　形影忽不見　悽愴傷我心

李善注引新語：「高臺，喻京師，悲風，言教令，朝日，喻君之明，照北林，言狹，比喻小人，江湖，喻小人隔蔽。」

以高臺喻京師，悲風言教令，朝日譬君之明，北林比小人，均可說得通，但北林「言狹」，江湖喻小人「隔蔽」，則似乎牽強。

## 一、陰陽易位

曹子建這首詩，一落筆即出驚人之句：

> 高臺多悲風　朝日照北林。

中國的西北季候風一到，真是可怕：「初淅瀝以蕭颯，忽奔騰而澎湃，如波濤夜驚，風雨驟至，又如赴敵之兵，銜枚疾走，不聞號令，但聞人馬之行聲，」這是歐陽修所描繪的。聰明絕頂的莊周，從這種音響悟出深奧的道理來：「是惟無作，作則萬竅怒號……」──自然的音響（天籟）。

高臺是登臨遠眺的地方。登高遠眺，是志士懷人必然的舉動。王仲宣寄人籬下時登樓作賦，「登茲樓以四望兮，聊暇日以銷憂……雖信美而非吾土兮，曾何足以稍留！」阮嗣宗言念人生道路多

47

歧時，「登高臨四野」，看見「丘墓蔽高岑」，想到古人的聖賢豪傑都靜靜地睡在墓裡！喟然太息道，「萬代同一時，千秋萬歲後，榮名安所之?」

是的，登高可以舒嘯，可以遠矚，可以遐觀朝日從海上升起，是象徵著希望與喜樂的。吳經熊聖詠譯義第十九首有這樣的幾行：

> 紅日發扶桑　宛轉似玉郎　洋洋溢喜氣　飄飄出洞房
>
> 天行一何健　六合任翱翔　普照無遠近　萬物被其光

語云：「近水樓臺先得月，向陽花木易逢春。」朝日應該是照在南林之上的，屈原說

> 暾將出兮東方　照我檻兮扶桑

這兩行是充滿了活力的。然而曹植卻這樣地說：「朝日照北林」「北」是山之陰，怎樣去享受朝日的恩惠呢？怪不得屈原在涉江裡面說：

> 陰陽易位　時不當兮

所以，「北林」是指小人而言，並沒有狹不狹的意義，關鍵全在「北」字之上。「北」、「八」、「背」，都有「乖」義，人君寵信小人，不察納雅言，豈非乖謬嗎？

## 二、處江湖之遠

屈原本是在朝之權臣，一旦被逐到江湖去。柳宗元和王叔文等同派系，叔文敗，柳被貶至江湖，改冉溪為愚溪。韓愈諫迎佛骨，批逆鱗被放八千里到潮州，曾撰驅鱷魚文。蘇東坡被謫黃崗時，文章寫得最出色。曹子建這時發現自己是遷客，流落在江湖之遠，不能寄身廟堂之高，所以慨歎著「江湖迥且深」了。

人生的道路本來路就是崎嶇的。如果是一帆風順的話，便是平淡無奇的人生。惟其極多坎坷，所以才會迸射出光焰奪目的火花來。庾子山不受羈旅，文章便不會「老更成」的。杜工部若非「纏

綿盜賊際，狼狽江漢行」，絕不會唱出「北征」，「茅屋爲秋風所
破」，「石壕吏」，「新婚別」等可歌可泣，有血有淚的詩篇來的。我
們都同情王仲宣的：

> 路逶迤以修迴兮　川旣漾而濟深
> 悲舊鄉之壅隔兮　涕橫墜而弗禁

## 三、離思故難任

　　江湖是京師的對照。「居廟堂之高，則憂其民，處江湖之遠，
則憂其君」，這是聖賢家法，屈原具有這樣的胸懷。杜甫從小就有
這樣的抱負：「致君堯舜上，再使風俗淳。」

　　曹植的失意，屢遭遷移，永無回廟堂之一日：「黃初三年，余
朝京師，還濟洛川……」「朝京師」是存著希望的，「濟洛川」是現
實的。可惜的是「江湖迴且深」：

> 願欲一輕濟　惜哉無方舟

就是有方舟，也沒有用處！

歷史上在亂世末運，總有小人在朝，君子在野的現象：

> 何世無奇才　遺之在草澤

南宋亡時文天祥怎樣說呢？

> 牛驥同一皁　雞棲鳳凰食

把一個朝廷弄得

> 陰房闃鬼火　春院閟天黑

可是那些人誤國誤民又誤己：

> 一朝蒙霧露　分作溝中瘠

## 四、孤雁飛南遊

　　孤雁飛南遊　過庭長京吟

曹植沒有忘記澄淸區宇的願望。他的父親有

> 山不厭高　海不厭深

的心理，有

> 周公吐哺　天下歸心

的心意。他也有「吳國爲我仇」的掛念。
但請纓無路，所以他歎息道：

> 國仇亮不剪　甘心思喪元

在這裡這隻孤雁的南飛，像是他知己，經過他的院落，大聲哀鳴。哀鳴什麼呢？原來在同情他的孤詣苦心，卻沒有得到人家的體諒，而那些「偸自閑」的小人，卻居廟堂之上。

阮籍詠懷詩第一首的

> 孤鴻號外野　眾鳥鳴北林

就和這首異曲同工。眾鳥鳴叫，是春天的景象，眾鳥是迎春朝曦歌唱的。而阮籍所看到的是夜裡在鳴叫，而且是在北林之中；群小擁著權奸歌頌，其景象是多麼悽厲呢？宜乎孤鴻要外野去哀號了！

# 五、翹思慕遠人

> 翹思慕遠人　願欲託遺音

這種寫法是具有風騷遺意的。和國風的蒹葭：

> 蒹葭蒼蒼　白露爲霜　所謂伊人　在水一方
>
> 溯洄從之　道阻且長　溯遊從之　宛在水中央

屈原的：

> 若有人兮山之阿　披薜荔兮帶女蘿
>
> 既凝睇兮又宜笑　子慕予兮善窈窕

相似，也具有伊甸園的風味：

> O daughters of Zion,
>
> if thou find whom my soul loves
>
> please tell him
>
> that I am sike of love!

「遠人」是指亂離中的君子，濁世中的佳人，出淤泥而不染，濯清漣而不妖，孔子所夢見的周公，陶潛所延佇的良朋，都是這樣的人。

曹植要向天涯去尋求這樣的知己，想託孤雁哀鳴的遺音以致意。

## 六、形影忽不見

形影忽不見，悽愴傷我心。

曹植看到了孤雁的哀鳴，正想託其遺音傳與所思的人兒，可是那孤雁的形影忽已看不見了。

「願隨月華流照君」，這是閨中人的願望。曹植在景慕著那種完美的人格，想藉孤雁哀鳴的音響以表達衷曲，卻不能夠。

那孤雁也是況喻曹子建自己的。他是哀鳴的孤雁，聲音酸楚，「冀君之一悟，俗之一改」，「聲哀厲而彌長」。可是才哀鳴了一聲，形影忽然看不見了。屈原說：「恐年歲之不我與」，曹丕也說：「日月逝於上，體貌衰於下，忽然隨萬物遷化，此志士之大痛也！」

詩人之不幸，乃藝術之大幸，曹植不幸的遭際，使我們可以領略他的八斗奇才，杜甫所謂：

　　文章憎命達　魑魅怨人過

　　喜共冤魂語　投詩弔汨羅

李商隱也有「望帝春心託杜鵑」的好句，詩人把他一生坎坷的遭際像杜鵑般歌哭出來，好讓我們替他一掬同情之淚。

# 阮　籍　論

## 小　引

　　近日授國文，遇阮籍詠懷詩，覺得有許多爲難：學生們讀舊詩不多，對唐人的邊塞詩尙易瞭解，樂府詩尙感興趣，令其讀阮籍的詠懷詩，旣難明白其辭旨，自難引起共鳴的。

　　阮籍的身世，遭遇雖不怎麼艱難，但他的時代是那麼險惡，阮籍的人生態度是那麼消極悲觀，心中有非常激烈的愛憎，有極高的道德標準，而客觀環境卻不容許他有所作爲，這樣矛盾的心理，叫他感到萬分的痛苦，使他外表披上道家的衣冠，骨子裡具備儒家的本質。這樣的兩重人格，尤非華僑靑年所易領略而加以同情的。

　　他的詩歌有獨特的詞藻，獨特的風格，獨特的思想，獨特的表現方式，這和楚辭，或李杜的詩集是一樣的，是每一個偉大詩人所同具的類型。但楚詞感情雖然豐富，辭旨卻很顯豁，李白的氣魄雖大，卻明白如話，杜甫雖典切鎚練，卻端緒易求。獨阮籍因時代黑暗，要支唔其辭，── 他的熱心和正義感，使他有不能已於言者。這樣的藝術手法，要叫學生去欣賞，眞是難之又難了！

## 大道多歧

　　魏明帝死的時候，子曹芳即位：司馬懿與曹爽同受遺詔輔政，朝廷隱然形成兩個壁壘。司馬懿盡量拉攏朝士，延攬人才，曹爽更

是如此。阮籍處於這樣的環境中，真有左右為難之感。他每次驅車出門，遇有分岔的道路，就痛哭流淚。

原來列子楊朱篇有「大道以多歧亡羊」的寓言。楊朱說：有一家人，失掉一隻羊，一家人都出動去找那隻亡羊，從家門出來，本來只有一條路，不久分為兩條路，又變成四條，八條了，一家人分道去找，因為人員不夠分配，竟失掉那隻羊。

這故事說明一樣真理：世界上的道路很多，我們要追求的只有一樣，因為道路太多，以致我們所有的追求徒勞無功。

在那險惡的時代，阮籍想要依附曹爽呢？不行，要依附司馬懿呢？也不行。因此遇見分岔的道路，便痛哭起來。

> 平生小年時　輕薄好絃歌　朝遊咸陽道　趙李相經過
> 娛樂未終極　白日忽蹉跎…………
> 黃金百鎰盡　資用常苦多　北臨太行道　失路復如何

## 曹爽挫敗

曹爽和司馬懿既同是曹魏的權臣，但曹爽是嫡派，雖然興兵伐蜀無功而還，卻因和皇室有特殊的關係，而驕奢僭恣。所掛念在心的只是一個司馬懿。司馬懿知不是他的匹敵，假裝老朽昏聵。一次有曹爽派系下的李勝要去荊州做州牧，到司馬懿那裡去拜別—— 名為拜別，實則是去窺探司馬懿的虛實。司馬懿佯裝抱病，由兩個侍婢扶出來，喝水的時候，喝得滿胸前都是。問這位青年說：「你到并州去嗎？小心一點，那是邊遠的地方。」這位青年回答道：「我是要到荊州去，不是到并州去。」「啊，我老了，甚麼都胡塗了。你青年有為，要多盡點力負起國家的責任了。」這位青年回去的時候，告訴曹爽說：「司馬懿老了，不會有所作為了，不必掛意了。」

那知道當曹爽正在放肆淫逸的時候，司馬懿乘著他和皇帝曹芳去打獵的機會，帶了一批人馬去，把曹爽抓住，奏他「有無君之

心」，把他害死了，同黨的人，全被夷戮淨盡。

## 捷徑窘步

曹爽派系被夷戮之後，許多人稱讚阮籍，說他有先見之明，不願依附曹爽，所以不必跟曹爽同歸於盡。殊不知阮籍不依附權貴是出自天性，並不是俗人所說的「明哲保身」。他的悲哀是：

> 北里多奇舞　濮上有微音　輕薄閒遊子　俯仰乍浮沈
> 捷徑從狹路　黽勉趣荒淫…………

這詩是在諷刺曹爽的，他身負國家重任，未能「先天下之憂而憂，後天下之樂而樂」，而走捷徑，趣荒淫，屈原不是悲哀楚懷王受欺於張儀嗎？他歌哭說：

> 桀紂之猖披兮　夫惟捷徑以窘步

啊。走捷徑是多麼可怕！趣荒淫是多麼危險！「桑間濮上之音，亡國之音也。」但曹爽樂此不疲，結果，自己身敗名裂，曹氏之江山不久也崩壞了。

> 湛湛長江水　上有楓樹林
> 皐蘭披徑路　青驪逝駸駸
> 遠望令人悲　春氣感吾心
> 三楚多秀士　朝雲進荒淫
> 朱華振芬芳　高蔡相追尋
> 一為黃雀哀　涕下誰能禁

這詩用戰國策莊辛以黃雀啄白粒於茂林，不知有人將獵取之，及蔡聖侯之左視幼妾，右擁嬖女，不以國家為事，在不知不覺之間，子發奉宣王的命令來抓他的典故，以言曹爽之將受禍。是的，阮籍的確有先見之明。

## 廣陵絕響

「朱華振芬芳，高蔡相追尋」，是曹爽的豪奢淫靡，也蘊藏著

殺身滅家亡國之禍。

> 嘉樹下成蹊　東園桃與李　秋風吹飛藿　零落從此始
> 繁華有憔悴　堂上生荊杞　驅馬舍之去　去上西山趾
> 一身不自保　何況戀妻子　凝霜被野草　歲暮亦云已

這是曹爽身敗名裂之後，阮籍憑弔曹氏府第的遺址而寫的詩。前段
敘述曹爽崛起爲權臣，及受司馬懿之暗算，「秋風吹飛藿，零落從
此始」。中言「堂上生荊杞」的景象固然可哀，但「繁華」是必然
「有憔悴」的，無須咨嗟感慨，何況自己的生命也是在危殆之中呢？
難道沒有看見過嵇康嗎？他是一條臥龍，而司馬氏的愛將鍾會，要
陷害嵇康，僅用「臥龍不起」四個字，便叫他彈琴受戮，廣陵散一
曲，竟成絕響。所以阮籍在這裡說：「一身不自保，何況戀妻子」
生在險惡世境的人，眞可哀可痛啊。

## 渴慕永恆

> 夜中不能寐　起坐彈鳴琴　薄帷鑒明月　清風吹我襟
> 孤鴻號外野　眾鳥鳴北林　徘徊將何見　憂思獨傷心

這詩寫出阮籍的幽憂、孤憤。其幽憂和孤憤的成因雖然複雜，但也
可以尋繹出端緒的。

> 天馬出西北　由來從東道　春秋非有託　富貴焉常保
> 清露被皋蘭　凝霜沾野草　朝爲媚少年　夕暮成醜老
> 自非王子晉　誰能常美好

不能常保富貴，不能長駐朱顏（青春），是阮籍幽憂和孤憤的第一
種因素，這也就是每個多愁善感的詩人幽憂和孤憤的因素，永垣的
渴慕，緣之以生：「仙人王子喬，誰可與等期？」這心境不只阮籍有
之，許多詩人都有之；惟阮籍卻與眾不同。

　　他世爲曹魏之臣，入晉又爲晉武帝所重，要擔任甚麼職務，都
可以自請，照理是很愜意的。事實上並不都那麼簡單，他的腦袋隨

時有和軀體分家的危險，「全要領」以歿，是非常困難的事。

## 誰是同志

獨坐空堂上　誰可與歡者　出門臨永路　不見行車馬
登高望九州　悠悠分曠野　孤鳥西北飛　離獸東南下
日暮思親友　晤言用自寫

找不到同志是阮籍幽憂孤憤的第二種因素。世界上那麼多人，在阮籍看來，都沒有資格算做人：

君子在何許　曠世未合幷

趙孟頫仿他這兩行：

美人在何許　忽若阻山河

陶潛也有：

靜寄東軒　春醪獨撫　良朋悠邈　搔袖延佇

的詩，屈原有「哀南夷之莫吾知兮」。他們這些志行高潔的人在那麼溷濁的世界，的確找不到同志。

阮籍詩裡所謂「親友」，就是陶潛所謂：

願得素心人　樂與共晨夕

曹爽死後，許多同黨也死了，剩下的都是依附司馬氏的人，耿介拔俗之士，很少能夠全要領以歿的。

## 矛盾苦悶

矛盾與苦悶是阮籍幽憂孤憤的第三種因素。

他兩代事魏，後來魏亡了，晉代代興。「忠臣不扶二主，烈女不嫁二夫」，這從一而終的觀念在他的心裡作崇，使他心中常感不安。但他又是個信仰老莊哲學的人，老莊的哲學是順世的，叫他在任何的環境裡可以隨遇而安，這就是他還繼續供職晉室的原因。

在亂世裡許多事情，依傳統的看法要斷定它不對，結果卻變成對的，許多事情，依傳統的看法要斷定它是對的，結果卻變成不對

的。抗戰勝利後在閩南發生一件匪劫中興輪，引起一百數十人死亡
的慘案。我有兩個朋友，一個是很謹慎的中學數學教師，爲人重然
諾，做事絲毫不苟。那天搭中興輪，沒有消息了。一個是做事非常
散漫，不守時刻的人。那天要搭中興輪，船票已於前一天買到，因
爲他第二天早晨不能及時趕到碼頭，船已開了，所以得到安全。阮
籍看慣這樣的例子，使他生起極大的矛盾，要抱道呢，嚴訂標準
呢？還是安於所遇呢？

## 求仁得仁

他的本質是那麼純眞，環境是那麼險惡，世事又那麼難於逆
睹。而他又不是掌握樞機的人物，因此只好變成幽憂孤憤的人——
正義感與不願管閒事的態度的結晶品。

　　登高臨四野　　北望青山阿　　松柏翳崗岑　　飛鳥鳴相過
　　感慨懷辛酸　　怨毒常苦多　　李公悲東門　　蘇子狹三河
　　求仁自得仁　　豈復歎咨嗟

這首詩充份表現出他有劇烈的愛憎，有堅強的正義感。他知道自己
的遭遇，表面是富貴的，逸樂的，實際上是險惡的、坎坷的。緬懷
前代的蘇秦，一身掛六國的相印，終遭五馬的肢解。李斯，初爲秦
國食客，秦王下令逐客，彼上書諫諍，使秦王罷逐客之令，並用他
爲宰輔，而滅六國。及始皇崩，趙高專權，李斯及其子均被綁赴東
市斬決。蘇秦起初覺三河地太小，無以展其能，想不到得了那樣的
下場，李斯也到押赴東門時才悲哀。阮籍和他們不同，深知自身有
危險，和環境妥協是有限度的，超過那限度，只好以死對付之，他
預先準備好了，所以說「求仁自得仁，豈復歎咨嗟！」

## 道義失修

世境變幻，道義失修，是阮籍幽憂孤憤的第四種因素：

　　二妃遊江濱　　逍遙順風翔　　交甫懷環珮　　婉孌有芬芳

　　　　猗靡情歡愛　千載不相忘　傾城迷下蔡　容好結中腸

　　　　感激生憂思　萱草樹蘭房　膏沐爲誰施　其雨怨朝陽

　　　　如何金石交　一旦竟離傷

這首詩是很難索解的「二妃」是指誰說的呢？「交甫」又是誰呢？可是最後那兩行，很清楚地說出曹氏和司馬氏的關係，本來是金石之交，一旦關係惡化了！

　　司馬師繼其父司馬懿爲權臣時，廢魏帝芳爲齊王，迎高貴鄉公髦爲帝。及司馬昭繼其兄爲相，被封爲晉公。曹髦是個好學多才的人，在這種環境中，自知危殆，曾憤然地說：「司馬昭之心，路人所知也！」後來受弒。司馬昭立常道鄉公奐爲帝。及昭子炎，遂篡魏。

　　曹操之要挾漢帝，曹丕之篡奪，記憶猶新，而司馬氏一家，竟如法泡製，他們和曹氏的關係，好像二妃的邂逅鄭交甫，如膠如漆，不料這樣的關係，不久竟會分離！

## 變態現象

　　司馬氏和曹家的關係，爲什麼會惡化呢？原來他們彼此存心互相利用，沒有眞心互愛，推誠相待，他們的關係沒有建立在道義上，而是建立在利益上。這樣不正常的關係怎樣維持長久呢？

　　　　昔日繁華子　安陵與龍陽　天天桃李花　灼灼有輝光

　　　　悅懌若九春　磬折似秋霜　流盼發姿媚　言笑吐芬芳

　　　　攜手等歡愛　宿昔同衣裳　願爲雙飛鳥　比翼共翱翔

　　　　丹青著盟誓　永世不相忘

這詩寫出曹氏與司馬氏兩家關係的不正常，安陵君是楚恭王所愛的變童，龍陽君是魏王的變童。有一次龍陽君與魏王一同坐船釣魚，龍陽君釣到十幾條魚而流淚，王問其故。他答：「起初我得魚很喜歡，後來釣到大魚，便想棄掉小魚。現在我得和王共睡一床，四海

的美人，聽到我得到王的寵幸，都要來親近王，王也有一天會棄掉我，像我棄掉小魚一樣。」魏王乃下令：「有敢進美人的族滅！」

龍陽君是個男人，和魏王有這樣可羞可恥的關係，正和曹氏、司馬氏彼此的關係一樣。阮籍生在這樣的「情場」，怎會不幽憂孤憤？

## 玄雲重陰

遭受迫害是阮籍幽憂孤憤的第五種因素：

> 步出上東門　北望首陽岑　下有采薇士　上有嘉樹林
> 良辰在何許　凝霜霑衣襟　寒風振山崗　玄雲起重陰
> 鳴雁飛南征　鶗鴂發哀音　素質遊商聲　悽愴傷我心

今天許多受人家監視軟禁，安全受威脅，言動不自由的人，都有阮籍「玄雲起重陰」的經驗，伯夷叔齊當殷亡時，不食周粟，采薇於首陽山上，永遠成為亡國孤臣信仰的中心。

阮籍詠懷詩之所以感人者在此：他為國變而歌哭，為嚮往一種高尚的人格而歌哭。

## 易號改姓

遭亡國之禍是阮籍幽憂孤憤的第六種因素。

> 徘徊蓬池上　還顧望大梁　綠水揚洪波　曠野莽茫茫
> 走獸交橫馳　飛鳥相隨翔　是時鶉火中　日月正相望
> 朔風厲嚴寒　陰氣下微霜　羈旅無儔匹　俛仰懷哀傷
> 小人計其功　君子道其常　豈惜終憔悴　詠言著斯章

這詩是描寫司馬炎篡魏的一幕。大梁乃今之開封，戰國時代魏惠王為商鞅所敗，遷都於此。及秦始皇，王賁攻魏，引河灌之，城圯而降。

阮籍用戰國之魏以影射三國之魏。戰國之魏，繼春秋時代晉國之衣鉢，為諸侯之盟主，有卜子夏、段干木、田子方諸智囊、魏

其、李悝、西門豹、吳起諸軍事政治家，如日出中天，一時無兩。後因不用公叔痤之薦，用公孫鞅，使其輾轉入秦，行新法，以詭謀攻魏，魏遷大梁，其勢遂衰。

三國之魏亦爲三國中之最強大者，因政權旁落於權臣司馬氏之手，終遭亡國破家之痛。

詩人這時徘徊於蓬池之上，回頭憑弔荒廢的大梁，綠水揚起洪波，曠野一望無際，走獸好像遇見了世界末日，交相奔馳，飛鳥也相隨逃命── 這正是亡國破家的景象。

## 日月爲證

詩經唐風綢繆：「三星在天。」三星即天蝎座。星經：『心三星，中天王，前太子，後庶子，火星也，一名大火，二名大辰，三名鶉火。』天王星 (Antares)，一等星。詩豳風：「七月流火」，即指此星。左傳昭公元年：「遷閼伯於商丘，主辰，商人是因，故辰爲商星。」晉書天文志：「自柳九度至張十六度爲鶉火，於辰在午，周之分野，屬三河。」

太子星主辰 (爾雅：辰，長子也)。禮月令：「辰夏之月昏，火中。」左傳襄公九年：「心爲大火」左傳昭公元年之注：「辰，大火也。」那麼，心星與其前之太子星均被認爲大火，爲商人之分野。

鶉火，又名柳宿。禮月令：「季秋之月，旦柳中。」

曹魏篡漢之後，建都洛，乃東南之舊邦。鶉火乃周之分野，屬三河 (河北、河南、河東，曹魏之轄界)。

月之距角一八零度時，即日月黃經相差一八零度之時，稱爲「望月」，或簡稱「望」，或稱「滿月」。此時地球在日與月之間，月光之面適與地球對，自地視月，恰如正圓。

說文望字注：「月滿與日相望也」。沈濤說文古本考：「月大十六日，月小十五日，日在東，月在西，遙相望也。」

## 苦心孤詣

「是時鶉火中，日月正相望」，陳沆曰：「大梁指魏也。左傳晉伐虢。卜偃曰：克之，其九月十月之交乎？鶉火中，必是時也。嘉平六年九月甲戌，司馬師廢帝（曹芳）爲齊王，乃十九日：十月庚寅立高貴鄉公，正有十月之交，鶉火中之時也。司馬師先定謀，而後白太后，其在九月十五日，日月相望時乎？」（十八家詩鈔註）

看了這首詩，可以知道阮籍的用意是多麼的苦心孤詣了：「羈旅無儔匹」，世上沒有知道他心中悲痛的人，使他像遠託異鄉的孤客一般。「小人計其功，君子道其常」，又表現出他傷時的心跡。雖然他這樣的態度有危險，但他是有正義感的人，有眷戀故主的心，所以說：「豈惜終憔悴，詠言著斯章」！這兩行正和前面所引的「求仁自得仁，豈復歎咨嗟」一樣，重申他對環境的讓步是有限度的，有一天逼得他要犧牲，會毫無猶豫地爲所抱之道而死的！

司馬氏逆謀已著，因爲他這時是炙手可熱的人物，沒有人敢贊一辭，獨有這位幽憂孤憤的詩人敢這樣地歌哭！

## 四時代謝

緊接著曹芳被廢爲齊王之一幕悲哀滑稽劇的是，高貴鄉公被廢：魏甘露五年六月甲寅，司馬昭立常道鄉公在月之三日：

　　炎暑惟茲夏　三旬將欲移　芳樹垂綠葉　青雲自逶迤
　　四時更代謝　日月遞參差　徘徊空堂上　忉怛莫我知
　　願睹卒歡好　不見悲別離

這是亡魏的第二幕悲哀滑稽劇。陳沆說：「此詩即指此事（廢高貴鄉公立常道鄉公）。三旬將移云者：謂三旬即移秋節也。願睹卒歡好云者，恐其後爲齊王芳高貴鄉公髦之續也。」（十八家詩鈔註）

當曹操挾天子以令諸侯之際，「橫槊賦詩，固一世之雄也」：其子曹丕，築受禪台，叫漢獻帝宣讀禪位詔，然後向北長跪稱臣，天

下遂成曹家之天下。曾幾何時，司馬懿翦滅曹爽，司馬師廢曹芳，立曹髦，司馬昭又廢曹髦，立曹奐，天道好還，世變滄桑，令人太惜！阮籍的「炎暑惟茲夏，三旬將欲移，」有三重意思：曹奐被立於炎暑期間，不久恐爲曹芳、曹髦之續，或更不如，此其一，曹氏一家，曾宣赫一時，僅三傳（三旬）而大權轉移，此其二，司馬氏一家如不悔悟，，人家也會以其道治之，因爲「四時更代謝」，是必然的道理，此其三。

## 歸　宿

上面臚陳六種阮籍幽憂孤憤的原因，現在提起兩種阮籍心靈的歸宿：

> 昔聞東陵瓜　近在青門外　連畛距阡陌　子母相拘帶
> 五色曜朝日　嘉賓四面會　膏火自煎熬　多財爲患害
> 布衣可終身　寵辱豈足賴

史記，「邵平者，故秦東陵侯，秦破爲布衣，貧，種瓜於長安城東，瓜美，時俗謂之東陵瓜。」莊子「山木自寇也，膏火自煎也。」阮籍用這兩個典故來說明自己的恬退，這是他心靈的第一種歸宿。

他看到那些做顯宦的「朱華振芬芳，高蔡相追尋」，五色曜朝日，嘉賓四面會」，替他們心驚膽戰，山裡的樹林因爲美好，所以受人所伐，膏油可以充燃料，乃遭受煎熬，人也因爲多財而碰到患害，還不如東陵侯，變做布衣，種瓜賣錢，無寵無辱地過著快樂恬退的生活。

阮籍深願效法秦時的東陵侯，於國破時變做布衣，但時勢不容許他有權利抉擇去就，而且他也不一定有邵平那樣的本領，可以種出好瓜來賣錢。一技之長，是何等重要，有一天境遇轉變了，它使人有所寄託。阮籍這時只好羨慕「延年術」了：

> 焉見王子喬　乘雲翔鄧林　獨有延年術　可以慰我心

王子喬乃古之仙人，也名王喬。楚辭：「譬若王喬之乘雲兮」。夸父追太陽，口渴，飲於河渭，使黃河倒流，但他終於渴死，其杖化爲鄧林。這傳說指出有生之物的生命力，無論如何偉大，都是有限制的。阮氏寫出他的渴慕就是擺脫這限制，這羈絆，乃他第二種安慰心靈的辦法。

> 昔年十四五　志尚好書詩　被褐懷珠玉　顏閔相與期
>
> 開軒臨四野　登高望所思　丘墓蔽山崗　萬代同一時
>
> 千秋萬歲後　榮名安所之　乃悟羨門子　噭噭今自蚩

羨門子乃古之仙子，秦始皇差人向他求長生不老藥。然而，秦始皇已葬在丘墓裡，所以阮籍的幽憂孤憤也就成爲永恆的，深深地銘刻在歷史上了！

（新聞副刊，菲華文聯季刊）

—— 一九五八年二月於菲都彙篇讀書室

# 陶淵明論

## 引　言

　　平生喜歡以哲理論詩。民國卅四年春，發表再論曹操短歌行一文於福建省立龍溪中學的青年之友（我承乏編輯），翌年又把它轉投上海國文月刊，在六十期（十月號）刊出，迄今廿餘載，發表論詩之作，不下廿萬言。因生活忙迫，隨發表隨棄擲者泰半，殊無可奈何耳！

　　鄉居時期，置身瀛海環抱中，狂濤洶湧，裂岸排空，使我酷好李太白的氣魄排奡，欲吞天地。寄寓靖城時期，時雨一至，決堤毀屋，平陸成江，使我響慕陶元亮的淸樽獨撫，延佇良朋。有一天，夕陽在山，低徊縣立農場上，成一律：

原上對斜暉　　大千妙與微　　落霞依獨岫　　消息入柴扉

天碧鷹張吻　　草深實附衣　　臨風心益曠　　咳唾九天飛

　　講課紫芝山麓時期，曾上朱文公之仰止亭，府瞰漳郡，深富詩情畫意，又成一律：

江水接天疇　　白雲倦欲休　　城中羅綠錦　　樹隙聳危樓

牆應雨聲倒　　鳥緣山靜嘲　　亭高人不見　　淚灑遍荒丘

有一雨天，晚來放晴，心中欣喜，又成一律：

雨霽天逗朗　　白葩綴綠叢　　樹陰猶點滴　　山色益空濛

鴉亂斜暉影　　蕊飄粉蝶紅　　欲收雲霧去　　且待夜來風

　　就記憶所及，過去曾詮釋李、杜名作多篇，撰論評介李清照、吳梅村、阮籍、中國六大詩人⋯⋯很想寫一篇陶淵明論，以就正於續學之士，未獲其便。一九五七年發表漫談閑情賦，香港人生雜誌轉載其上半截，倏忽又十年了！「古人惜寸陰，念此使人懼！」今於百忙中急就斯篇，「懼乎時之過已！」博雅君子，幸賜教焉。

## 一、藝術作風—由絢爛趨平淡

### (一)

　　東坡詩話：「淵明作詩不多，然其詩質而實綺，癯而實腴，自曹劉鮑謝李杜諸人皆莫及也。」斯說先獲我心。茲將漫談閑情賦一文錄作本篇的首段，以見陶公由絢爛趨於平淡的特殊藝術作風。

　　文學雜誌五卷三期載許世瑛先生的「談談閑情賦」，說出許多我心中許久想說的話，也給我許多新的提示，叫我欽佩萬分。我在這裡所要談的是補充一兩點意見。

　　梁昭明太子為陶淵明編詩文集。可是在序文中卻批評陶氏的閑情賦說：

> 余素愛其文，不能釋手，尚想其德，恨不同時，故加搜校粗
> 為區目。白璧微瑕，惟在閑情一賦。揚雄所謂勸百而風一
> 者，卒無風諫，何足搖其筆端，惜哉！無是可也。

　　許先生說：「依照昭明太子的說法，淵明所有的作品，就是這一篇最糟糕，如果不作這一篇，豈不就白璧無瑕，完美無闕了嗎？其實這篇賦，在陶淵明的全部作品中，是頂刮刮的，和他的有名詩篇像「歸田園居」，「讀山海經」等一樣地膾炙人口。」

　　是的，昭明文選選了宋玉的高唐神女賦，登徒子好色賦，曹植的洛神賦，卻棄置陶淵明的閑情賦於一旁。其實閑情賦無論在詞藻上，結構上，風格上，立意，謀篇，都勝過宋、曹二氏的作品。蘇

東坡所以批評昭明太子的譏評，是「小兒強作解語。」

對於篇名的解釋，許先生說：「先說『閑』字是個會意字，門中有木，意思是說門用門栓栓上了，外面的人進不來了，所以許慎釋爲『闌』。段玉裁說：『引申爲防閑。古多借爲清閒字，又借爲嫺習字。』淵明這篇『閑情賦』的『閑』字就是取『防閑』之義，『閑情』只是防止情，不使它胡亂奔放，換句話說，也就是要『發乎情，止乎禮義』。諸位別誤會『閑情』是借爲『閒情』的，那就是要肆情而無所止了。要是這樣，昭明的『白璧微瑕』的評語，就沒有可申辯了。」

我認爲這是正確的解釋。但我在這裡還可以找出另一種解釋，好和許先生互相發明。

正韻「閑」字註：闌也，習也，又訓：散也，冗也，暇也，亦作「嫺」，「嫺」字註：通作閑

「閑」字訓「闌」是本義，引伸爲「防閑」，通「嫺」，是後起之義。文選曹植美女篇：「美女妖且閑」，是通「嫺」的證據，就是洪武正韻註通「嫺」之所本。說文：「嫺」，雅也。前漢書司馬相如傳：「從車騎雍容嫺雅」，後漢書馬援傳：「辭言嫺雅」。玉篇：「雅，正也。」爾雅疏：「雅，正也。」

陶淵明閑情賦自序：「始則蕩以思慮，而終歸閑正。」「終歸閑正，」就是「終歸雅正。」

所以「閑情」不但可釋爲「防止情，不使它胡亂奔放」，也可釋爲「雅正之情」，只給人以美感，而不雜以慾念之意。

中國的文學藝術不管是怎樣的表現法，都求合乎雅正的條件，史遷稱讚屈原的離騷說：「國風好色而不淫，小雅怨誹而不亂，若離騷者可謂兼之矣！」離騷因爲有這樣的條件，所以有無上的價值：「雖與日月齊光」可也。

　　李太白古風五十九首的壓卷：「大雅久不作，吾衰竟誰陳？王風委蔓草，戰國多荊榛，龍虎相啖食，兵戈逮狂秦，正聲何微茫，哀怨起騷人？」就是說出正宗的詩歌一定是合乎雅正的條件的。杜甫的「別裁偽體親風雅」，也就是說要裁掉偽文學，而親炙雅正的眞文學。

　　詩經之敎：「溫柔敦厚」，是最雅正的，所以孔子批評它說：「思無邪！」而歷代正宗的文學，都要有「風騷遺意」，其實就是合乎「思無邪」的條件。

　　「思無邪」就是給人家產生出一種優美的情思，而不雜以慾念。陶淵明的「閑情賦」，就是說合乎「美」的條件的賦。

(二)

　　關於閑情賦的十願，許先生說：「以上十種幻想，都可以看出陶淵明在寫那男士的痴情。雖每一種只寫了四句六言，但已把那男士心情，宛然繪出—— 起初覺得還有可爲，繼而又感到不能長在而傷感。寫到這裡，接下該怎麼寫，是值得絞絞腦汁的⋯⋯請看下面是：

> 考所願而必違，徒契契以苦心。擁勞情而罔訴，步容與於南林。棲太蘭之遺露，翳青松之餘蔭。儻行行之有覿，交欣懼於中襟。竟寂寞而無見，獨悁想於空尋。

　　這段寫那男士所願俱違，心中不勝悉苦，獨自徬徨於木蘭青松之間，希冀得遇美人，但是失望了，空尋了一陣子。⋯⋯。」

　　這是許先生著眼於「愛」，我覺得是不錯的。但我還著眼於「願」（DESIRE）字。這「十願」縮小範圍來講，是那位男士向那位淑女愛慕的心理描寫，擴大範圍而言，可說是寫出人生的渴念（THE ANXIETY OF LIFE）。

　　研究神學的人知道希臘文的「愛」字有三個字：

㈠EROS——肉慾之愛。

㈡PHILIA——友誼之愛。

㈢AGAPE——神聖之愛。

在新約聖經約翰福音第廿二章十五節起，有一段關於復活的耶穌和其高足彼得的對話（彼得於基督未受難之前，曾三次否認與基督有關係）：

耶穌問彼得：「你愛（AGAPE）我嗎？」

「主阿，你知道我愛（PHILIA）你！」彼得答。

你愛（AGAPE）我嗎？」耶穌再問。

主阿，你知道我愛（PHILIA）你！」

你愛（PHILIA）我嗎？」耶穌第三次就改變口吻地問。

彼得聽見耶穌的發問，突然把神聖之愛（AGAPE）改為友誼之愛（PHILIA），不好意思起來了！

希臘哲人柏拉圖主張以純真、純美、純善、以求從肉慾之愛（EROS）中解脫出來。

陶淵明閑情賦中的十願，就是把肉慾之愛（EROS）變成神聖之愛（AGAPE），就是從肉慾之愛中，求得解脫的一種方法。

（作者按：本節材料得自甫從牛津歸來的丁星教授。並此誌謝）

陶淵明的「十願，」固然以「愛」為謎，但它的謎底卻是一個「願」字，就是人生的渴念（THE ANXIETY OF LIFE）。愛是人生渴念最劇烈的一種，所以用愛來況喻人生的渴念，是最恰當不過的了！

我們試拿張衡的四愁詩做例子：

一思曰：「我所思兮在太山，欲往從之梁父艱，側身東望涕霑翰，美人贈我金錯刀，何以報之英瓊瑤？路遠莫致倚逍

遙，何爲懷憂心煩勞！」

二思曰：「我所思兮在桂林，欲往從之湘水深，側身南望涙露襟。美人贈我金琅玕，何以報之雙玉盤？路遠莫致倚惆悵，何爲懷憂心煩傷！」

三思曰：「我所思兮在漢陽，欲往從之隴阪長，側身西望涙露裳。美人贈我貂襜褕，何以報之明月珠？路遠莫致倚踟躕，何爲懷憂心煩紆！」

四思曰：「我所思兮在龍門，欲往從之雪紛紛，側身北望涕露巾。美人贈我錦繡緞，何以報之青玉案？路遠莫致倚增歎，何爲懷憂心煩惋！」

許世瑛先生大作末後引宋姚寬之說：「陶淵明閑情賦必有所自出。張覽（應是張衡之誤）同聲歌云：邂逅承際會，偶見充後房。情好新交接，颼慄若深湯。願思爲莞席，在下蔽空床。願爲羅衾幬，在上衞風霜。」（西溪叢話）

是的，陶氏把張平子的二願，衍爲十願，也採取張氏「四愁詩」的主旨，以愛描寫人生的渴念。

（三）

史遷說：「離騷者，離憂也。」陶淵明在「十」願裡正寫出「離憂」。他的離憂和屈子不同，屈子是得而復失，陶氏是和古詩裡所說的「惜哉時不遇，偏與飆風會」一樣。試述如下：

第一願的末句：「悲羅襟之宵離，怨悉夜之未央」。是在感歎世亂，使我們的心願無法兌現。阮籍也有「夜中不能寐，起坐彈鳴琴」的詠懷詩，在感歎他的生不逢時。傅咸：「志士苦日短，愁人知夜長！」陶淵明就是「知夜長」的愁人。

第二願的末句：「嗟溫涼之異氣，或脫故而服新。」古詩的「上山採蘼蕪，下山逢故夫」那樣的篇什，寫出故夫還會顧念「舊人」

的事，在世界上可說是少見的；大多數是杜甫所說的「但見新人笑，那聞舊人哭」的，「世情惡衰歇，萬事隨轉燭！」這是杜工部所體會出來的。今天你年富力強，大家都爭相羅致，明日你衰朽了，人家要「脫故服新」了！

第三願的末句：「悲佳人之屢沐，從白水以枯煎」。世上有「朝為刻骨仇，暮作歃血親」的例子，也有同根相煎的例子。

第四願末句：「悲脂粉之尚鮮，或取毀於華妝。」李太白說：「以色事於人，能有幾時好？」美人的遲暮是很可惜的事，但也是很容易的事：「價重為時年。」

這裡還有比美人的色更易消逝的，就是美人眉上的黛，不到幾點鐘的工夫便被毀棄了！

第五願的末句：「悲文茵之代御，方經年而見求。」水滸傳寫戴宗要賺公孫勝上梁山時，隨行的李逵原是毫無用處的。但公孫勝不見了，只好借重李逵的雙斧嚇嚇公孫勝的母親。學得一身的才藝，見用於世的時間常如曇花一現。監門的侯生，為信陵君設「北救趙而西卻秦」的「五霸之伐」以後，便要「北鄉自剄」了！

第六願的末句：「悲行止之有節，空委棄於床前！」可以死報知己還算好，最怕是被委棄了，是「懷才受謗」，是「能不得展」呢！

第七願：「願在晝而為影，常依形而西東。悲高樹之多蔭，慨有時而不同。」屈原便是這樣的人。起初為楚懷王左徒，入則圖議國事，出則應對賓客。可是高樹多蔭，終受讒而去職：「深林杳以冥冥兮，乃猿狖之所居」，小人在朝，屈原還有甚麼辦法呢！

第八願的末句：「悲扶桑之舒光，掩滅景而藏明。」曹禺的「日出」說到一個將死的老年人口裡唱著說：

**太陽出來了。**

> 黑暗躲到後邊去
>
> 但是太陽不是我們的
>
> 我們都要睡了

「恐美人之遲暮」，「恐年歲之不我與」！時日一逝，我們就像馮唐的老了，還會做甚麼呢！

第九願末句：「悲白露之晨零，顧衿袖以緬邈。」這正是離憂了！

第十願末句：「悲樂極以哀來，終推我而輟音。」人的悲歡是無常的，禍福也是無常的。李白說：「功名富貴如長在，漢水也應西北流！」

這十願和詩經「蔓草」所說的絕不相同：

> 野有蔓草　零露漙兮　有美一人　清揚婉兮
>
> 邂逅相遇　適我願兮
>
> 野有蔓草　零露瀼瀼　有美一人　婉如清揚
>
> 邂逅相遇　與子偕藏

遇與不遇，其不同的情形如此。

### （四）

所羅門之歌（The Song of Solomon）是聖經裡最美麗的文學作品。據說所羅門王的父親大衛王年邁的時候，他的左右選了一個書念地方的女子，要讓她睡在大衛王懷裡，叫他的身體會暖和。但大衛並沒有和她同睡，直到死時。

所羅門王愛上這位書念的女子，向她追求，她卻愛上一個牧羊人，而不愛所羅門王。所羅門王雖然有算不清的妃嬪，有大智高明，但在愛情上卻沒有得到滿足。所以他說：「愛情如死之堅強，嫉恨如陰間之殘忍，所發出的電光，是火焰的電光，是耶和華的烈焰。愛情，大水不能息滅，也不能淹沒。若有人拿家中所有的財寶

要換愛情，就會被蔑視。」(雅歌八：六、七)

雅歌第三章有一段叙事詩，描寫這位書念女子在尋找她的良人。英文標準新譯本 (Revised Standard Version) 這樣的譯著：

Upon my bed by night

I sought him whom my soul loves;

I sought him, but found him not;

I called him, but he gave no answer.

" I will rise now and go about the city, in the streets and in the squares;

I will seek him whom my soul loves.

I sought him, but found him not.

The watchmen found me as they went about in the city.

"Have you seen him whom my soul loves?"

Scarcely had I passed them, when I found him whom my soul loves.

I held him, and would not let him go,

Until I had brought him into my mother's house,

And into the chamber of her that conceived me.

十年前我曾把這詩譯爲五古：

| | | | |
|---|---|---|---|
| 遙夜臥床榻 | 寤寐求所思 | 輾轉將何見 | 渴念徒癡癡 |
| 毅然出床榻 | 肅肅夜城中 | 康衢足跡遍 | 無處覓郎蹤 |
| 錫安多戍卒 | 擊柝巡城闉 | 叩彼鄰山士 | 有無郎消息 |
| 繞離巡邏人 | 情郎已在側 | 反身把郎抱 | 孤鸞終被弋 |
| 偎倚入娘家 | 曲房吐胸臆 | | |

宗教和哲學不同就在這裡：那位女子在尋找她心所愛的，在床上找，找不到，在大街上找，又找不到，問城中巡邏看守的人，也尋不到。但她並不失望，黑夜裡，獨個兒尋找良人（君子），終於

找到了，她拉住他，不讓他走，直到把他帶到她母親的內室。

詩經「風雨篇」的末章：

> 風雨如晦　雞鳴不已　既見君子　云胡不喜

正是這的情形，這個女子，在風雨瀰天，八表同昏的時候，想念她的「君子」，竟在這時遇見了他，她的芳心怎會不歡喜呢？

顧炎武說：明末的時代就是「風雨如晦」的時代。

王國維在人間詞話裡說，屈原的涉江有：

> 山峻高而蔽日兮　下幽晦以多雨
>
> 霰雪紛其無垠兮　雲霏霏而承宇

也有「風雨如晦」的氣味。

王國維的看法是對的。但我認為屈子涉江的這一段有「八表同昏」景象的，不止那四行：

> 入溆浦余儃回兮　迷不知吾所如
>
> 深林杳以冥冥兮　乃猨狖之所居

這四行和文天祥正氣歌以獄中的情景比擬宋亡前朝廷的景象，正相彷彿：

> 陰房闃鬼火　春院閟天黑　牛驥同一皁　雞棲鳳凰食
>
> 一朝蒙霧露　分作溝中瘠　哀哉沮洳場　為我安樂國
>
> 豈有他繆巧　陰陽不能賊　顧此耿耿在　仰視浮雲白
>
> 如此再寒暑　百沴自辟易

獄中是沮洳場，是發鬼火的墟墓，外面雖然日麗風和，裡面還是昏天黑地。這正彷彿看到宋亡前朝廷的景象，牛和驥在一起，賈似道之流變做聖人，最後都死於路旁，成為枯骨，填溝填壑。文信國認為進到獄裡是忠臣應有的下場，可以為民族盡孝——這信念使他不怕陰陽的賊害，他的確不是魔術家，惟有常常檢點行藏，那顆耿耿的心並沒有失喪，所以可仰頭對上蒼而無愧。再經過一兩年，那些

妖邪之氣碰到他都要逃避呀!

文天祥求仁得仁,正如陶潛所說:「尤蔓草之爲會」一樣。

**有美一人　清揚薄兮　邂逅相遇　適我願兮**

文天祥的境界是宗教家的境界,有劇烈的愛憎,有堅強的信念,有殉道的決心,有求仁的準備,更躬行踐履之,他說:

**鼎鑊甘如飴　求之不可得**

所羅門所愛的那位書念女子也是有這樣高尚的心志,嚴正的態度,所以值得所羅門的歌頌。她那一幕尋找愛人的苦心孤詣,也是不畏強禦,不怕威脅,驚天地,泣鬼神的行動。

眞的,上天不負有心人,她,在黑黝黝的夜裡,找到了她的「良人」,帶他到母親的內室,得到她的歸宿。── 這是宗教家的境界,她的起點和陶潛相似,但結果不同。結果的不同,完全在信念與作風的迥異。

屈原離開郢都,渡江湘,入鄂渚,上沅水,抵潊浦,時時反顧,希望懷王會悔悟,風俗會轉移,但結果不是那樣。最後,他投汨羅江以自終。這是宗教家的境界。所羅門所描繪的那位書念女子,在黑夜裡找尋她心所愛的人的熱誠,正和屈原一樣的苦心孤詣。那位女子終於找到她心愛的人,帶他到內室,得了她的歸宿,屈原得不到他心所愛的,赴常流,也得了他的歸宿。這也就是文天祥的下場。

陶淵明的境界和這完全兩樣。他不像那些宗教家,入於情感之中而不能出,作繭自縛;而是個能夠忘情物外的懸解人物。

行雲逝而無語,時奄冉而就過。徒勤思以自悲,終阻山而帶河。迎清風以祛累,寄弱志於歸波。尤蔓草之爲會,誦邵南之餘歌。坦萬慮以存誠,憇遙情於八遐。

這是「慧劍斬情魔」。許先生說,陶淵明到這裡「簡直超凡入

聖了」！是的，他把所有的愛慕，所有的渴念，所有的信誓，所有的心願，寄於清歌，散諸八遐—— 是「縱浪大化中，不喜亦不懼」的超逸不滯的太上境界。

現在我對陶淵明的閑情賦可以下一個結論了：

陶氏的閑情賦是千古的名篇，可與國風，離騷及聖經裡的雅歌一樣地「與天地比壽，與日月同光。」此其一。

「閑情」不但是阻攔情感使不至「胡亂奔放」，也可作「雅情」，「正情」解，因爲陶氏的作品是原道徵聖宗經的，想藉聖人之權衡，而托出「思無邪」的微言大義。此其二。

閑情賦表面上是寫愛情，實際上是寫人生的渴念，以美人代表人生追求的對象，以審「美」之觀念，托出嚮慕「眞」與「善」的心聲。此其三。

在亂世，一切都違反常規，「蘭芷變而不香，荃蕙化而爲茅。」牛驥同皁，雞棲鳳凰之位，燕雀當朝，聖人在野。閑情賦所表現的是無常與失意：「考所願而必違，徒契契以苦心。」此其四。

陶氏所表現的是哲學家的境界，而不是宗敎家的境界。宗敎家是狂熱地追求其所渴慕的對象，不獲不止。得時心獲歸宿，不得則以生命殉道，亦獲其死所，屈原、文天祥，書念女子，皆其倫也。哲學家只是默默地戀念，潛心追求，得固可喜，失也無妨，因爲他總懂得「憩遙情於八遐。」此其五。

這是陶氏由絢爛趨於平淡的藝術手法。

附註：關於雅歌之問題，詳拙譯雅歌（一九六〇年出版）的導論，茲篇所論，不足爲準。

# 二、處困心境—寄沉痛於樂天

一

馬端臨文獻通考經籍考序錄:「靖節詩注四卷，贈端明殿學士鄱陽文清公漢撰。以述酒一篇爲晉恭帝哀辭。蓋劉裕既受禪，使張偉以毒酒酖帝，偉自飲而卒。乃令兵人踰垣進藥，帝不肯飲，兵人以被掩殺之。故哀帝詩託名述酒。其自序云:『陶公詩精深高妙，測之愈遠，不可漫觀也。不事異代之節，與子房五世相韓之義同。既不爲狙擊震動之舉，又時無漢祖者，可託以行其志，故每寄情於首陽易水之間。又以荊軻繼二疏三良而發詠，所謂撫己有深懷，覆運增慨然者，讀之:亦可以深悲其志也已!平生危行遜言，至述酒之作，始宜吐忠憤。然猶亂以庾詞，千載之下，讀者不知何語，是此翁所深細意者，迄不白於後世，尤可使人增欷，而累歎也。余窺見其旨，因加箋釋，以表暴其心事，及他篇有可以發明者並著之。又詩中言本志少，說固窮多。夫惟忍於飢寒之苦，而能存節義之閑，西山之所以有餓夫也。世士貪榮祿，事豪侈，而高談名義，自方於古人，余未之信也。』。」

陶公祖先爲晉宰輔，而他生逢季世，劉裕以權臣篡奪，誅異己，移晉祚，弑恭帝。陶公因事不可爲而辭官歸田里，躬耕自資，以詩明志。所作述酒一首，至爲幽晦，直至北宋，才有韓駒這樣地說:「『山陽歸下國』一語，疑是義熙後有感而賦。」到南宋才有鄱陽湯文清 (東間) 把它的奧義發明出來。清乾隆五十年吳騰跋云:「南宋鄱陽湯文清公，注陶靖節詩四卷，馬貴與文獻通考極稱之。所謂述酒詩，乃哀零陵而作，其微旨雖濫觴於韓子蒼 (駒)，至文清反覆研討，而益暢其說，可謂彭澤異代知己矣!」清道光時代，陶澍編陶淵明全集，集古今有名注家之說:對述酒一詩，尤多闡釋。其例言有云:「首陽易水之思，精衛邢夭之詠，其惓惓於故君舊國者，情見乎辭。述酒一篇，湯東磵、黃文煥，十得六七，尚有庾辭隱語，一經拈，出疑滯胥通。」

茲錄述酒一詩如下：

| | | | |
|---|---|---|---|
| 重離照南陸 | 鳴鳥聲相聞 | 秋草雖未黃 | 融風久已分 |
| 素礫晶修渚 | 南嶽無餘雲 | 豫章抗高門 | 重華固靈墳 |
| 流淚抱中歎 | 傾耳聽司晨 | 神州獻嘉粟 | 西靈爲我馴 |
| 諸梁董師旅 | 芊勝喪其身 | 山陽歸下國 | 成名猶不勤 |
| 卜生善斯牧 | 安樂不爲君 | 平王去舊京 | 谷中納遺薰 |
| 雙陵甫云育 | 三趾顯奇文 | 王子愛清吹 | 日中翔河汾 |
| 朱公練九齒 | 閒居避世紛 | 峨峨西嶺內 | 偃息常所親 |
| 天容自永固 | 彭殤非等倫 | | |

茲根據諸家的注釋，及自己的見解把它的大意譯述如下：

司馬晉的回光照射到南方

鴪鳥相鳴，蕪穢了衆芳

融合之風老早分崩離析了

雖然秋草還沒有黃

白色的石礫在修長的沙渚上閃爍

南嶽的風雲之氣消散一光

賣鞋販崛起爲高門的劉豫章

迫皇上去守望重華靈墳作「零陵王」

忠臣義士怎不流淚悲歎

遙夜裡鴪候雞鳴，待曙色劃破大荒

神州獻來嘉禾

四靈受我馴服

葉公那樣地擅專軍旅

叛逆者像白公般—— 斬除面縛

曹丕把漢獻帝降為山陽公

想不到我皇上竟不得善終

欲求一生安樂切莫稱聖稱皇

寧願在曠野做一個小牧童


平王離開了故鄉

峽中藏納了薰育

劉裕北征剛剛修復雙陵

趕回來看三趾烏止于誰家之屋

像王子晉的喜愛清吹

皇上的靈魂中午翱翔在河汾

陶子修練九齒

閒居遠離亂世的糾紛


安息罷！在那高高的西嶺裡

一同偃臥的全是骨肉至親

願皇上的天顏永駐

彭祖型的夭殤絕不同倫

　　這首詩寫出陶公的熱愛舊君，痛心世變，完全用隱語出之。這比謝靈運的屈身事賊，終雖有「韓亡子房奮，秦帝魯連羞」之吟，而操持明哲，兩無足道，真不可同日而語了！

　　一邊傷痛人君，一邊躬耕南畝，又能將心跡著諸詩文，是陶公寄沉痛於樂天的第一種方式。

二

　　王伯厚困學紀聞云：「陶公栗里，前賢題詠，獨顏魯公一篇令

人感慨。」陶澍說：「今考魯公詩云」：

張良思報韓　龔勝恥事新　狙擊苦不就　舍生悲拖紳

嗚呼陶淵明　奕葉爲晉臣　自以公相後　每懷宗國屯

題詩庚子歲　自謂義皇人　手持山海經　頭戴漉酒巾

興與孤雲遠　辨隨還鳥泯

見盧山記，集不載。朱子跋云：『顏文忠公栗里詩，見陳令舉盧山記，而不得其全篇。雖然，讀之者，亦足以識二公之心，而著君臣之義矣。……』」（陶澍編陶靖節集附錄）

　　大家都公認陶公讀山海經諸作，詠二疏、三良、荊軻等篇葉，寄意深遠，不忘君國之仇，首疾篡弒之痛。但其難能可貴之點，乃在他能夠逍遙物外，行若無事。讀山海經首章：

孟夏草木長　繞屋樹扶疏　眾鳥欣有託　吾亦愛吾廬

既耕亦已種　時還讀我書　窮巷隔深轍　頗迴故人車

歡言酌春酒　摘我園中蔬　微雨從東來　好風與之俱

汎覽周王傳　流觀山海圖　俯仰終宇宙　不樂復何如

　　從這首詩可以看出他在亂世，躬耕南畝，不求名利，讀書飲酒，優遊賦詩，投入大自然的懷抱裡，天趣盎然。但大家都明白他的讀山海經十三首，大部份是有所寓意的。比如：

夸父誕宏志　乃與日競走　俱走虞淵下　似若無勝負

神力既殊妙　傾河焉足有　餘跡寄鄧林　功竟在身後

　　　　　　　　　　　　　　—— 讀山海經第九首

陶澍說：「此蓋笑宋武垂暮舉事，急圖禪代，而志欲無厭，究竟統緒所餘，不過一隅之蔭而已！乃反言若正也。」是的，劉裕的勇敢善用兵，蓋世無雙。其驅獵狗，追狡兔，幾無往不獲，甚至率師遠征河渭，大破秦兵，捕獲姚泓，送至建康而誅之，大有底定中原，掃清胡羯的計劃與表現。可是爲要受晉禪，竟拾棄此興復的勳業，

匆匆轉旆回江左：嗚呼！劉裕！「神力既殊妙，傾河復何有！」劉裕受禪僅一年餘即崩，其太子義符（營陽王），在位僅二年，即為權臣徐羨之所弒，「餘跡寄鄧林，功竟在身後！」這結韻既諷刺又感慨。又如：

> 巨猾肆威暴　欽䲹違帝旨　窫窳強能變　祖江遂獨死
> 明明上天鑒　為惡不可覆　長枯固已劇　鵕鶹豈足恃
>
> —— 讀山海經第十一首

陶澍說：「陳祚明白：『不可如何，以筆誅之，今茲不然，以古徵之，人事既非，以天臨之！』」

劉裕舉事，「瑞應」紛紛。陶公認為劉逆天而行，所謂佳兆，全是妖孽：「長枯固已劇，鵕鶹豈足恃！」又如：

> 巖巖顯朝市　帝者慎用才　何以廢共鯀　重華為之來
> 仲父獻誠言　姜公乃見猜　臨汲告飢渴　當復何及哉
>
> —— 讀山海經第十五首

黃文煥曰：「讀山海經，結乃旁及論史。『當復何及哉』一語，大聲哀號。蓋由晉室所以式微之故，寄恨于此，使後人尋繹，知引援故實以慨世，非侈異聞也。」陶澍本此說加以說明：「晉自王敦、桓溫、劉裕，共鯀相尋，不聞黜退，魁柄既失，篡弒遂成。此先生所為託言荒渺，姑寄物外之心，而終推本禍源，以致其隱痛也。」按：魏晉南北朝是軍閥的時代。魏亡於軍閥司馬氏。西晉雖亡於五胡之手，實肇端於八王者，莫不皆擁兵的軍閥。東晉之軍閥有兩系：一為京口之軍閥，謝玄、劉牢之、劉裕為其代表，一為江陵之軍閥，桓溫、桓玄自立，為京口軍閥所滅。但劉裕篡弒，則無人加以制裁：「當復何及哉！」

又如擬古的末章：

> 種桑長江邊　三年望當採　枝條始欲茂　忽值山河改

> 柯葉自摧折　根株浮滄海　春蠶既無食　寒衣欲誰待
>
> 本不植高原　今日復何悔

陶澍引何孟春注：「此詩全用鬼谷子先生書意。逸民傳：『鬼谷遺蘇秦張儀書曰：二君豈不見河邊之樹乎？僕御折其枝，風浪蕩其根，此木豈與天有讎怨？所居然也。子見崇岱之松柏乎？上枝干于青雲，下枝通于三泉，千秋萬歲，不逢斧斤之患，豈與天地有骨肉？所居然也。』」又引黃文煥曰：「劉裕以戊午年十二月，弒晉主于東堂，立瑯琊王德文，是爲恭帝。己未爲恭帝元熙元年。庚申二年而裕逼禪。長江邊豈種桑之地？爲裕所立，而無以防裕，勢終受制，遂坐聽改革，無可追悔也。事至于不堪悔，而其痛愈深矣！」又如擬古首章：

> 榮榮窗下蘭　密密堂前柳　初與君別時　不謂行當久
>
> 山門萬里客　中道逢佳友　未言心先醉　不在接杯酒
>
> 蘭枯柳亦衰　遂令此言負　多謝諸少年　相知不忠厚
>
> 意氣傾人命　離隔復何有

吳騰注引劉覆的說法：「凡靖節退休之後，類多悼國傷時託諷之詞，然不欲顯斥。故以擬古雜詩名其篇云。」朱熹通鑒鋼目記載劉裕弒君之經過如下：

> 初，宋主劉裕以毒酒一甖，授前瑯邪郎中令張偉，使酖零陵王（即晉恭帝）。偉歎曰：「酖君以求生，不如死！」乃自飲而卒。至是裕令兵人踰垣而入，進藥於王。王不肯飲。兵人以被掩殺之。裕帥百官臨於朝堂三日。

> —— 通鑒綱目卷三宋紀

張偉是個小小的人物，卻是一個忠而且賢的君子，比起前朝，爲救司馬昭弒殺高貴鄉公髦的成濟，司馬昭說他是「大逆不道」！竟遭族滅，好得多了！恭帝被降爲零陵王時，遜於瑯邪第，原已自知死

所：「初與君別時，不謂行當久。」他被迫禪位時說：「桓玄之時，晉室已無天下，重爲劉公所延將二十載。今日之事，本所甘心！」（綱目卷三晉紀）「中道逢佳友」，想不到慷慨禪讓，仍不能滿足篡奪者之心，還要立刻置諸死地！「蘭枯柳亦衰，遂令此言負」，這與阮籍在寫曹氏被司馬氏所篡：「是日鶉火中，日月正相望，」一樣地沉痛！雖然被軟禁在琅邪第，和外界隔離，兵人卻可以踰垣以入，「離隔復何有」！季世人情所造成的微妙關係，要陶公微妙的筆端，才描繪得出。

　　一邊讀書，一邊傷心國變，檢討禍源，筆誅亂臣賊子，是陶公寄沉痛於樂天之第二種方式。

## 三

> 精衛銜微木　將以塡滄海　刑天舞干戚　猛志固常在
> 同物既無慮　化去不復悔　徒設在昔心　良辰詎可待
>
> —— 讀山海經第十首

　　這詩表明他自己像祖逖、劉琨、王鎮惡之流，有志澄清區宇。雜詩第五首與此同意：

> 憶我少壯時　無樂自欣豫　猛志逸四海　騫翮思遠翥
> 荏苒歲月頹　此心稍已去……古人惜寸陰　念此使人懼

他的猛志常在，要效精衛銜微木去塡滄海，要騫翮思遠翥，在待機會（良辰）。可是歲月荏苒，「心與時俱去」，感念及此，深自怖懼。最慷慨激昂的是詠荊軻及詠三良了。

> 燕丹善養士　志在報強嬴　招集百夫良　歲暮得荊卿
> 君子死知己　提劍出燕京　素驥鳴廣陌　慷慨送我行
> 雄髮指危冠　猛氣衝長纓　飲餞易水上　四座列群英
> 漸離擊悲筑　宋意唱高聲　蕭蕭哀風逝　淡淡寒波生
> 商音更流涕　羽奏壯士驚　心知去不歸　且留後世名

　　登車何時顧　飛蓋入秦庭　凌厲越萬里　逶迤過千城
　　圖窮事自至　豪主正怔營　惜哉劍術疏　奇功遂不成
　　其人雖已沒　千載有餘情

　　　　　　　　　　　　── 詠荆軻 ──

南宋愛國詩人陸游曾有猛虎行一首，說有個地方，猛虎爲患，人與物損失無算。居民愁眉蹙額，談虎色變。有一天來了一個貊生人，睡在破廟裡，到了晚上入山去，把那隻猛虎打死了，然後自己悄然地走了，不知其去處。陸游說：假如得了這種義俠心腸的勇士，來爲國家報仇雪恨，驅除胡虜，統一域內，是多麼好的事呢！明代宋濂的鄧弼傳，淸代魏禧的大鐵椎傳，都同受愛國心情所激動而寫成的，和陶公的追慕荆軻是一樣的存心，可說是受陶公的啓示。

　　彈冠乘通津　但懼時我遺　服勤盡歲月　常恐功愈微
　　忠情謬獲露　遂爲君所私　出則陪文輿　入必侍丹帷
　　箴規嚮已從　計議初無虧　一朝長逝後　願言同此歸
　　厚恩固難忘　君命安可違　臨穴罔惟疑　投義志攸希
　　荆棘籠高墳　黃鳥聲正悲　良人不可贖　泫然霑我衣

　　　　　　　　　　　　── 詠三良 ──

陶澍說：「此悼張褘（綱目作張偉）之不忍進毒，而自飲先死也。」是的，詩中有「厚恩固難忘」，「投義志攸希」，必係泛指此事。黃文煥說：「詩意言從殉者三子忠君之夙懷，非一時勉強就死。不肯說壞康公穆公，別有深寄。君子報君，即從殉不爲過，其可忘君而貪生他朝乎？在三良願殉自當斷，在國人惜才自當悲，各不相妨。」這樣的忠愛於君上，願意和他同死的心，絕不是一個隱逸之士的存心。

　　雖隱遯於田里，卻猛志常在，忠懷激烈，這是陶公寄沉痛於樂天的另一種方式。

## 四

自東漢桓靈以降，有十常侍之妖，董卓之禍，曹操挾天子以令諸侯之悖，曹丕篡奪之逆，三國的鼎立，司馬懿的剪滅曹爽，司馬炎的受禪，八王之亂，永嘉之難（五胡亂華），南北的對峙，桓玄的自立，劉裕的弒君，變亂相乘。追求利祿的人，顯貴一時的固然不少，但保身全節的卻寥寥無幾。清言敢諫之輩如陳蕃、李膺，雖德高望重，傾動朝野，結果釀成黨錮之禍，無濟世安民之實，而自身和家族也作無謂的犧牲。

世說新語記孔融十歲時去見司隸校尉李膺，人雖小而言詞雋永有機鋒。陳韙批評他「小時了了，大未必佳。」孔融雖以牙還牙地說：「想君小時必了了。」但陳韙所豫言的竟中。曹操收殺孔融，牽連他兩個十歲左右的兒子，「覆巢之下，焉有完卵！」語至聰穎，亦極沉痛！蔡邕以私情而哭董卓，爲王允所收。蔡邕要求要受刖足鯨面，留殘生以成漢史，竟不可得！嵇康是個不捲入政治漩渦的人，因受鍾會所讒，廣陵散遂成絕響。

有先見之明的都不願受徵，或勸人家要急流勇退，或規戒親屬子弟要謙謹。

三國時代魏女子辛憲英豫言曹爽必敗，戒其夫勿從曹爽，使免受其難。羊祜勸王沉勿受曹爽之辟，使得保其身。令孤邵見其子令狐愚性情偶儻，豫言：「不修德而願大，必滅吾宗！」後來果然應驗。諸葛恪將接受吳主畀以重任時，呂岱戒之以每事須十思而後行，他不同意，呂岱反蒙失言之譏，但諸葛恪終遭殺身滅族之禍。魏李豐年十七八已有清名，其父恢不悅，命他要閉門斷客，豐不聽；後來亦受司馬師所殺。晉顏延之看見他的兒子竣顯貴，也警戒他說：我很怕見要人，現在天天和你相見，眞是不幸！但其子不悟，也遭悲慘下場。

陶淵明有見及此，乃有詠二疏之作：

| 大象轉四時 | 功名者自去 | 借問衰周來 | 幾人得其趣 |
| 游目漢廷中 | 二疏復此舉 | 高嘯返舊居 | 長揖儲君傅 |
| 餞送傾皇朝 | 華軒盈道路 | 離別情所悲 | 餘榮何足顧 |
| 事勝感行人 | 賢哉豈常譽 | 厭厭閭里歡 | 所營非近務 |
| 促席延故老 | 揮觴道平素 | 問金終寄心 | 清言曉未悟 |
| 故意樂餘年 | 遑恤身後累 | 誰云其人亡 | 久而道彌著 |

此詩陶公自序：「漢疏廣傳，廣字仲翁。為太子太傅。兄子受，為太子少傅，在位五歲。廣謂受曰：『知足不辱，知止不殆。今仕宦至二千石，名立，如此不去，懼有後悔。豈如父子相隨出關，歸老故鄉，不亦善乎？』即日上疏乞骸骨。宣帝許之。公卿大夫故人邑子設祖道供帳東都門外，送者車數百兩。觀者皆曰：『賢哉二大夫！』廣歸鄉里，日具酒食，故舊賓客與相娛樂。」「遂辭歸」，「臨寵不忒」，是陶公所抱的態度，似甚閒適，實極沉痛：「如何蓬廬士，空視時運傾」，即其另一面的寫法。功名利祿場中傾軋之烈，於茲可見。

　　劉後村稱譽陶公四言：「自曹氏父子、王仲宣、陸士衡而後，惟陶公最高。停雲、榮木等篇，殆突過建安。」（陶澍編陶靖節集四言弁語）茲錄其四言壓卷停雲：

| 靄靄停雲 | 濛濛時雨 | 八表同昏 | 平陸伊阻 |
| 靜居東軒 | 春醪獨撫 | 良朋悠邈 | 搔首延佇 |

| 停雲靄靄 | 時雨濛濛 | 八表同昏 | 平陸成江 |
| 有酒有酒 | 閒飲東窗 | 願言懷人 | 舟車靡從 |

| 東園之樹 | 枝條載榮 | 競用新好 | 以招余情 |

人亦有言　日月于征　安得促席　話彼平生

翩翩飛鳥　息我庭柯　斂翮閒止　好聲相和
豈無他人　念子實多　願言不獲　抱恨如何

晉宋易代之際，北方是胡羯的天下，南方演篡弒的悲劇，士大夫死
非其罪的，罄竹難書，更不要想可以發揮他們的抱負以擁護正義
了。在這「八表同昏」的時候，陶公答龐參軍有「勗哉征人，在始
思終。敬茲良辰，以保爾躬」的話。他關心遠征的朋友，願他能全
節保身。他寫出他自己在「衡門之下，有琴有書，載彈載詠，爰得
我娛。」又說：「我有旨酒，與汝樂之，乃陳好言，乃著新詩。一日
不見，如何不思？」這與曹操短歌行的意味完全不同。曹氏在戎馬
悾忽之際，遇見好友，煮酒話平生之時，竟覺得「無枝可依」，而
產生「山不厭高，海不厭深」的慾壑！陶公在「平陸成江」之際。
思念良朋，意態卻非常的閒適。

　　如果說陶公所思念的龐參軍之流，可能也對。但更可以說他是
把龐參軍、丁柴桑等作璞（MODEL），藉以刻鏤想像那永遠無法
遇見的「君子」，或者要向三代以上去求的「無懷氏之民」，「葛天
氏之民」，「歷覽千載書，時時見遺烈」。其讀史述九章，扇上畫贊
等，嚮往前賢，正和孔子在封建破壞時代夢見周公一樣。

　　在衡門之下，彈琴詠詩，憤慨薄俗人心的險惡，關心良朋，思
慕君子，這是陶公寄沉痛於樂天的另一種方式。

# 三、人生的態度－旣入世又超世

## 一

陶澍陶靖節集序錄附錄文中子一則：

或問陶元亮。子曰：「放人也。歸去來辭，有避地之心焉，五

柳先生傳，則幾於閉關矣！」

又錄李元中社圖記：

> 遠公結社盧山。時陳邵謝靈運以才自負，少所推與。及來社
> 中，見遠師，心悅誠服，乃爲開染種白蓮，求預淨社。師以
> 其心亂，拒而不納。陶潛時棄官居栗里，每來社中，或時才
> 至，便攢眉迴去。遠公愛之，欲留，不可。道士陸修靜居簡
> 寂觀，亦常來社中，與遠相善。遠自居東林，足不出虎溪。
> 一日，送陸道士，忽行過溪，相持而笑。又常令人沽酒，引
> 淵明來。故詩人有：愛陶長官醉兀兀，送陸道士行遲遲。沽
> 酒過溪俱破戒，彼何人斯師如斯？

但盧山記於遠公送客一事是這樣說：

> 遠法師居盧阜三十餘年，影不出山，跡不入俗，送客過虎
> 溪，虎輒鳴號。昔陶元亮居栗里山南，陸修靜亦有道之士，
> 遠師嘗送此二人，與語道合，不覺過之，因相與大笑。今世
> 傳三笑圖。

盧阜雜記對陶淵明拒入蓮社事，是這樣地說：

> 遠師結白蓮社，以書招淵明。陶曰：「弟子嗜酒，若許飲，
> 即往矣。」遠許之，遂造焉。因勉令入社。陶攢眉而去！

> —— 均見陶編陶靖節全集附錄

　　由上面這些記錄，可見謝靈運要加入白蓮社，遠公沒有接受；
遠公邀陶淵明加入，陶公藉辭「嗜酒」，加以推託。遠公竟破戒沽
酒邀他去。他上盧山，一遇遠公的勉強，立即攢眉而去。所以陶淵
明不是文中子所說的放人——避地閉關之士，而是未能忘情世事，
熱心於人生本務的人。

　　陶公有儒家經世濟民的懷抱，也有墨家義俠的心腸。他曾去學
仕，時局紛亂，乃歸田里，其飲酒詩中有自敘：

疇昔苦長飢　投耒去學仕　將養不得節　凍餒固纏已
是時向立年　志意多所恥　遂盡介然分　拂衣歸田里
冉冉星氣流　亭亭復一紀　世路廓悠悠　楊朱所以止
雖無揮金事　濁酒聊可恃

陶澍引顧炎武的話：「二句（遂盡介然分，拂衣歸田里）用方望辭隗囂書：『雖懷介然之節，欲潔去就之分。』」這是陶公沒有忘記儒家樹立品節的事，決不是逃避現實者所能比儗。陶澍又引李公煥註：「雖無揮金事」一行云：「文選張協詠二疏詩云：『揮金樂當年』」。盡力去經營，然後才談享受，像二疏一樣，這是儒家入世的作風。

也有些看法是從墨家來的，好像雜詩中的：

辭家夙嚴駕　當往至無終　問君今何行　非商亦非戎
聞有田子泰　節義為士雄　斯人久已死　鄉里習其風
生有高世名　既沒傳無窮　不學狂馳子　直在百年中

—— 擬古第二首 ——

陶澍引湯東磵注云：「田疇，字子泰，北平無終人。」又引李公煥注：「董卓遷帝于長安，幽州牧劉虞欲遣使奔問行在，無其人，聞田疇奇士，乃署為從事。疇將行，道路阻絕，遂循間道至長安致命。詔拜騎都尉，疇以天子蒙塵，不可荷佩榮寵，固辭不受。得報還。虞已為公孫瓚所滅。疇謁虞墓，哭泣而去。瓚怒曰：『致何不送章報于我？』疇答云云。瓚壯之。疇得北歸，遂入徐無山中」。

人在世上要為做一件大事而來的，做完一件大事便走了。荊軻如此，田疇復如此，這種俠義心腸是墨家的入世思想。又如榮木末兩節都表現儒家積極求上進的精神，尤其是末節：

先師遺訓　余豈云墜　四十無聞　斯不足畏
脂我名車　策我名驥　千里雖遙　孰敢不至

人生的目標雖然有「千里之遙」，但陶公卻「志彼不舍」，以便達到人生的正鵠，這是積極有爲的精神。

　　陶公命子詩歷叙其祖先的勳績，是要他的兒子嚮慕先人的遺烈，做一番轟轟烈烈的事業，直到「功遂」才「辭歸」，表現「臨寵不不忒」的風度，那雖是受老子「功成不居」說法的影響，但態度卻是積極的。

<h2 style="text-align:center">二</h2>

　　世途既然險巇，他做個農夫，辛勤地在田園裡操作，勸農六首寫出他注意經濟生產的工作，吃自己勞動的果實。其第五首云：

> 民生在勤　勤則不匱　宴安自逸　歲暮奚冀
>
> 儋石不儲　飢寒交至　顧爾儔列　能不懷愧

可見他是個勤勞的人，承襲他曾祖父陶侃好勞動的性格。假如他生在今天中國，或任何一個落後地區中，一定是一個提倡發展農業而又從事工業化運動的人。他像先秦諸子時代的農家：耕而食之，織而衣之。一個像東晉那樣衰亂的國家，是無人有力使之平治的。如果要從頭做起的話，士大夫消極方面須拾棄驕奢淫逸的習氣，風流倜儻的品性，荒淫無恥的行徑，積極方面須領導那些僕婢，兵人，回到隴畝去。既可減少禍亂，又可增加經濟生產，社會風氣才會淳厚起來。越王勾踐的復國，十年生聚，十年教訓，非其身所耕不食，非其妻所織不衣。東晉要驅除胡羯，底定中原，也要如此。由這個角度看來，陶淵明所踐履的是救國救民的積極路線。試看移居等二首：

> 春秋多佳日　登高賦新詩　過門更相呼　有酒斟酌之
>
> 農務各自歸　閒暇輒相思　相思則披衣　言笑無厭時
>
> 此理將不勝　無爲忽去茲　衣食當須記　力耕不吾欺

這說明他的農夫生活的樂趣。他的朋友中有些是念書人，有些是教

育程度較差的。陶公和他們都可以交融如水乳：「悅親戚之情話，樂琴書以消憂。」(歸去來辭) 一個由大家世族出來的讀書人，肯回到隴畝去力耕，去和勞苦的農夫們打成一片，如拿去和那些講門第，競豪奢，從事清談，常有心理變態的行動的士大夫比較，是如何的不同呢？這是更積極的入世的姿態。且再讀他歸田園居第三首

　　種豆南山下　草盛豆苗稀　晨興理荒穢　戴月荷鋤歸
　　道狹草木長　夕露霑我衣　衣霑不足惜　但使願無違

一個由大家世族出來的讀書人，去從事耕作，不是沒有辛苦，從早晨勞碌到夜分，帶著鋤頭霑著夜露回家，真不是容易消受的。但他絕不埋怨，只求能夠對得住國家、同胞和自己的良心。且看他的庚戌歲九月於西田穫早稻一首：

　　人生歸有道　衣食固其端　孰是都不營　而以求自安
　　開春理常業　歲功聊可觀　晨出肆微勤　日入負耒還
　　山中饒霜露　風氣亦先寒　田家豈不苦　弗獲辭此難
　　四體誠乃疲　庶無異患干　盥濯息簷下　斗酒散襟顏
　　遙遙沮溺心　千載乃相關　但願常如此　躬耕非所歎

田家雖苦，可免異患。那位勸陶公出仕的檀道濟，當他擅專征伐，功高蓋世之際，收兵忽至，才憤慨地擲巾幘說，「他（宋主）殺我是自壞長城」，尚復何及哉！長沮、桀溺的存心，到千載之下，才有陶公會起共鳴。

## 三

漢末豫章郡有個高士叫徐穉，家貧，嘗自耕稼，非其力不食，恭儉義讓，周遭的人都欽服他的品德高超。豫章郡的太守陳蕃以禮邀他去做幕僚。徐穉去謁見陳蕃，而又走了。陳蕃性格很方峻，平素不接賓客。徐穉來，特設一張床榻給他用，徐穉走了，就把它懸掛起來。這事千古傳為美談。後來朝廷於桓帝永壽二年已亥徵徐穉

等五處士，皆不至。

陶淵明的故鄉九江，近豫章郡（南昌），徐孺子的品格，給他極深刻的影響，是無可諱言的。徐孺子的時代是天下初亂，徵辟他的朝士和被徵的賓客，以及同情他們的人，都被亂政的宦官、權臣屠殺一空。獨有不願牽入政治漩渦的徐稺等處士，得保令名要領以歿，因爲他有自行耕稼，自食其力，不受君祿，不干權貴的超世精神，所以能夠過著安適的生活。表現超越的作風。陶淵明的時代，兵戈未了，篡弒相乘，而陶公的人格高尚，怎叫他不效法徐孺子呢？

及三國群雄割據的時代，管寧、邴原、王烈等處士遠走遼東。朱子通鑒綱目記載他們三人的事如下：

> 公孫度（遼東太守）威行海外，中國人士避難者多歸之。北海（今山東青州府）管寧、邴原、王烈，皆往依焉。寧少時與華歆爲友，嘗共鋤菜，見黃金，寧揮鋤不顧，歆捉而擲之，以是知其優劣。邴原遊學八九年而歸，師友以原不飲酒，會米肉送之。原曰：「本能飲酒，但以荒思廢業，故斷之耳！今當遠別，可一飲。」於是共飲，終日不醉。寧、原俱以操尚稱，度虛館以候之。寧既見度，乃廬於山谷，避難者漸來從之，旬月而成邑。寧每見度，語唯經典，不及世事。原性剛直，清議以格物（標品人物）。寧謂原曰：「潛龍以不見成德。言非其時，皆招禍之道也。」密遣原逃歸，度亦不復追也。烈器業過人，善教誘。有盜牛者，主得之。盜請罪曰：刑戮是甘，乞不使王彥方（烈字）知也。烈聞：使人謝之，遺布一端。或問其故。烈曰：「盜懼吾聞其過，是有恥之心。既知恥惡，則善心將生，故與布以勸爲善也。」後有老父遺劍於路，行道一人見而守之。至暮，老父還尋得

劍，怪之，以事告烈。烈使推求，乃先盜牛者也。諸有爭訟曲直，將質之於烈，或至途而反，或望廬而還，皆相推以直，不敢使烈聞。度欲以爲長史，烈辭之，爲商賈以自穢，乃免。—— 綱目卷三東漢記

　　管寧的特點是：不貪黃金，不干權貴，專心經術，助人補過，助人避禍。邴原之特點是：恐荒思廢業而戒酒，喜歡清議。王烈的特點是：器業過人，善敎誘。管寧和王烈的影響力尤大，管寧到山谷居住，許多人鄉風慕義，遷家跟從他，王烈則能感化盜賊改過遷善，激勵許多人釋怨解紛。這些人都沒有做官，但他們的影響力十倍於居高位領厚祿者，而且終身不辱，終身不殆。

　　陶淵明就是喜愛這種態度的人，當他偃臥瘠餒之時，江州刺史檀道濟贈送他粱肉，陶公麾手拒絕他。江州刺史王宏要看他，他稱疾不接見。

　　陶公雖不像周續之應新王朝之徵而講授聖人之學，但他稱孔子爲「先師」，痛心經書爲秦火所燔。飲酒之末首：

| | | | |
|---|---|---|---|
| 羲皇去我久 | 舉世少復眞 | 汲汲魯中叟 | 彌縫使其淳 |
| 鳳鳥雖不至 | 禮樂暫得新 | 洙泗輟微響 | 漂流逮狂秦 |
| 詩書復何罪 | 一朝成灰塵 | 區區諸老翁 | 爲事誠殷勤 |
| 如何絕世下 | 六籍無一親 | 終日馳車走 | 不見所問津 |
| 若復不快飲 | 空負頭上巾 | 但恨多謬誤 | 君當恕醉人 |

陶澍引李光地說：「元亮詩有杜韓不到處，其語氣似未說明，義蘊已包含在內。如『羲皇去我久』一首，識見超出尋常。自仲尼沒而微言絕，七十子亡而大義乖。老莊之學，果兆焚坑之禍。不知詩書所以明民，非愚民也，何罪而至此！漢之伏生，殷勤辛苦，存此六籍，如何至今，不以此爲事，終日馳驅於名利之場，不見有問津於此者？下遂接飲酒上說。其接飲酒說者，彼何等時？元亮尙敢講學

立教自標榜耶？但恨二句，又謙謂吾之行事，謬誤於詩書禮樂者。麴蘗之託，而昏冥之逃，非得已也，謝靈運、鮑明遠之徒，稍見才華，無一免者，可以觀矣！」

李光地說法是對的，他的確和邴原等一樣的喜愛經書，不願荒思廢業，不忘經世濟民。但時代的險惡，使他不能不逃於麴蘗。又如飲酒第十六首中有「少年肝人事，游好在六經。行行向不惑，淹留遂無成！竟抱固窮節，飢寒飽所經」的話，使我們明白他是踐履先師「君子固窮」之道的人。

管甯的避地遼東，與那些嚮慕他的人聚居成邑。陶淵明也希望在域內重建一個新社會，像管甯在遼東一樣，他那著名的桃花源記，就是基於這樣的理想寫出來的。

## 四

陶潛的「避世」思想，好像是受老莊影響，實際上是要掩蓋他那「首陽」、「易水」的憤激情緒。擬古第八首：

少年壯且厲　撫劍獨行遊　誰言行遊近　張掖至幽州
飢餐首陽薇　渴飲易水流　不見相知人　惟見古時邱
路旁兩高墳　伯牙與莊周　此士難再得　吾行欲何求

「首陽」是儒家精神的結晶品，「易水」是義俠（墨家）精神的結晶品，都是非常積極的。

陶公所嚮慕的世外桃源和儒、墨、道三家所憧憬的「三代至治」一樣，且看他的勸農前三章：

悠悠上古　厥初生民　傲然自足　抱樸含眞
智巧既萌　資待靡因　誰其贍之　實賴哲人


哲人伊何　時爲后稷　贍之伊何　實曰播殖
舜既躬耕　禹亦稼穡　遠若周典　八政始食

又如時運的第三四章：

延目中流　悠想清沂　童冠齊業　閒詠以歸
我愛其靜　寤寐交揮　但恨殊世　邈不可追


斯晨斯夕　言息其廬　花藥分別　林竹翳如
清琴橫床　濁酒半壺　黃唐莫逮　慨獨在余

孔子想要行三代之道，又深覺其難，曾喟然興歎：「大道之行也，
與三代之英，丘未之逮也！」陶公也有這樣的襟期，也深知乖隔得
太遠：「但恨殊世，邈不可追」。是的，他所處的是桓玄、劉裕諸亂
臣賊子的時代，他雖然遠離紛亂污濁的政圈，卻不免時時作「黃唐
莫逮」的慨歎。他答龐參軍「豈忘晏安？王事靡寧」，都可看出他
的心跡。其贈羊長史：

愚生三季後　慨然念黃虞　得知千載上　正賴古人書
聖賢留餘跡　事事在中都　豈忘游心目　關河不可踰
九域甫已一　逝將理舟輿　聞君當先邁　負疴不獲俱
路若經商山　為我少躊躇　多謝綺與角　精爽今何如
紫芝誰復採　深谷久應蕪　駟馬無貰患　貧賤有交娛
清謠結心曲　人乖運見疏　擁懷累代下　言盡意不舒

陶公憧憬黃帝、堯、舜的偉業，看見劉裕命王鎮惡、檀道濟北征，
破長安，秦主姚泓被獲，送至建康受戮，也有遠征的心。可惜他抱
病不能隨羊長史前往，一探中州我國文化發祥地的古跡，一覽先王
的遺烈，又認定劉裕絕對不是「三代之英」，他的信仰突轉向綺與
角了！

　　中國有志節的士大夫，生當亂世，常表孟子「居天下之廣居，
立天下之正位，行天下之大道，得志使民由之，不得志獨行其道，
富貴不能淫，貧賤不能移，威武不能屈……」的人生觀。鄭板橋訓

勉子弟：「世道盛則一德尊王，風俗偸則不同爲惡。」鄭板橋就是踐履孟子「大丈夫」之道的人，也是善學陶淵明的人。鄭板橋做過縣官，送一力役給他的弟弟，也告訴他要善待那位苦力，和陶公送力役去幫其兒子耕作時，告訴其兒子的話如出一轍。鄭板橋辭官之後到揚州賣畫自給，和陶公的躬耕自資一樣，而其人生態度也相彷彿。陶公癸卯歲十二月中作與從弟敬遠詩云：

| 寢跡衡門下 | 邈與世相絕 | 顧盼莫誰知 | 荊扉晝長閉 |
| 淒淒歲暮風 | 翳翳經日雪 | 傾耳無希聲 | 在目皓已潔 |
| 勁氣侵襟袖 | 簞瓢謝屢設 | 蕭索空宇中 | 了無一可悅 |
| 歷覽千載書 | 時時見遺烈 | 高操非所攀 | 謬得固窮節 |
| 平津苟不由 | 棲遲詎爲拙 | 寄意一言外 | 茲契誰能別 |

他的拒絕權貴的邀請與饋贈，是不受富貴所淫，他的「謬得固窮節」，是貧賤不轉移，他的譴責亂臣賊子，不值桓玄、劉裕的暴行，證明他不是一個威武所能屈服的人。

| 積善多有報 | 夷叔在西山 | 善惡苟不應 | 何事立空言 |
| 九十行帶索 | 飢寒況當年 | 不賴固窮節 | 百世當誰傳 |

伯夷、叔齊兩位昆仲，永遠是忠臣、義士、孝子信仰的中心。陶公效法他們，表現「首陽」「易水」的憤激情緒，和「不得志獨行其道」的「大丈夫」精神。

## 四、修養境界—道中庸而極高明

陶淵明是個詩人，具有哲人的氣質。猶之莊子是哲人，卻具有詩人的氣質一樣。詩人所發出的是天籟，天籟之中有哲理，哲人所發出的是哲理，哲理之中有天籟。

孔子雖然是個著重人倫的哲人，但常發出詩人的天籟，好比：「逝者如斯夫，不舍晝夜。」又如：「四時行焉，百物生焉，天何言

哉！」

陶淵明是一位詩人，他的躬耕南畝，他的投耒學仕，他的沉緬麴蘗，他的酷愛菊花，他的醉心自然，他的俯仰宇宙，無不天趣盎然，晉於至道，「超以象外」（詩品）。

王陽明和諸生談道，適童子端茶進來。一生問：「這位童子可以成爲聖人嗎？」「可以，」王陽明答。「何以知之？」「如果叫孔子來泡茶給人家喝，也只有這樣，不會比他做得更好，」王陽明解說著。

顏習齋說：「斫柴挑水，都有妙道。」禪宗所謂即凡即聖，就是這個道理。

陶淵明躬耕南畝，以盡其人生之本務，他是那樣的辛勤：

> 種豆南山下　草盛豆苗稀　晨興理荒穢　戴月荷鋤歸
> 道狹草木長　夕露霑我衣　霑衣不足惜　但使願無違
>
> —— 歸田園居第三首

這是農夫力耕生活的寫照，別的詩人只有「誰知盤中餐，粒粒皆辛苦」的同情語，「念此深自愧，自問是何人」的自訟語，而陶公自身歷嘗其甘苦，唯一的企求是不違素願。又如：

> 人生歸有道　衣食固其端　孰是都不營　而以求自安
> 開春理常業　歲功聊可觀　晨出肆微勤　日入負耒還
> 山中饒霜露　風氣亦先寒　田家豈不苦　弗獲辭此難
> 四體誠乃疲　庶無異患干　盥濯息簷下　斗酒散襟顏
> 遙遙沮溺心　千載乃相關　但願常如此　躬耕非所歎
>
> —— 庚戌歲九月中於西田穫早稻

這也是農夫平淡辛勞的生活，而陶公由這凡庸的生活中得其真趣，和千載以上的長沮、桀溺，「心有靈犀一點通」。其移居第二首：

> 春秋多佳日　登高賦新詩　過門更相呼　有酒斟酌之
> 農務各自歸　閒暇輒相思　相思則披衣　言笑無厭時

> 此理將不勝　無爲忽去茲　衣食當須記　力耕不吾欺

無異是「悅親戚（良朋）之情話」的說明。其第一首：

> 昔欲居南村　非爲卜其宅　聞多素心人　樂與共晨夕
> 懷此頗有年　今日從茲役　敝廬何必廣　取足蔽床席
> 鄰曲時時來　抗言談在昔　奇文共欣賞　疑義相與析

與志同道合的人生活在一起，會使生活豐富而有意義。和郭主簿第一首：

> 靄靄堂前林　中夏貯清陰　凱風因時來　回飆開我襟
> 息交遊閒臥　坐起弄書琴　園蔬有餘滋　舊穀猶儲今
> 營己良有極　過足非所欽　舂秫作美酒　酒熟吾自斟
> 弱子戲吾側　學語未成音　此事眞復樂　聊用忘華簪
> 遙遙望白雲　懷古一何深

這是「樂琴書以消憂」的實錄，和晉代士大夫的淫靡腐爛的生活對照，令人有山海壞流之感！答龐參軍第一首：

> 衡門之下　有琴有書　載彈載詠　爰得我娛
> 豈無他好　樂是幽居　朝爲灌園　夕偃蓬廬

說明耕讀詠歌的生活是富建設性的，富藝術性的，雖然單調，卻能使人的身心康泰。

　　猶太民族所憧憬的伊甸園有三種要義：一、生活在自然中，富有詩意，二、沒有罪惡，良心平安，三、俯仰自由，沒有禮法的限制。中國道家所憧憬的原始社會，儒家所憧憬的三代至治，也不外求自由，求心安理得，求富藝術性的生活。擊壤歌表現冀求自由的精神：

> 日出而作　日入而息　鑿井而飲　耕田而食
> 帝力於我何有哉

卿雲歌則描繪大自然的生意淋漓，令人感覺到混沌初開時，兩儀煜

燿，充滿蓬勃清新的景象：

> 卿雲爛兮　糺縵縵兮　日月光華　旦復旦兮

康衢歌則反映初民的淳眞樸實：

> 立我蒸民　莫匪爾極　不識不知　順帝之則

陶淵明的躬耕南畝，就是憧憬著一種理想的社會—— 桃花源，和猶太人所憧憬的伊甸園一樣，不必捲入名利鬥爭的漩渦，免受「帝力」的威脅，保持著古時淳樸的習俗，不尚新奇，沐浴在大自然的懷抱中，得桑竹的餘蔭，賞草木的榮枯，眞是無懷氏之民，葛天氏之民了，管寧在遼東山谷中所造成的社會，或者就是這一類的：

| | | | |
|---|---|---|---|
| 嬴秦亂天紀 | 賢者避其世 | 黃綺之商山 | 伊人亦云逝 |
| 往跡浸復湮 | 來徑遂蕪廢 | 相命肆農耕 | 日入從所憩 |
| 桑竹垂餘蔭 | 菽稷隨時藝 | 春蠶收長絲 | 秋熟靡王稅 |
| 荒路暖交通 | 雞犬互鳴吠 | 俎豆猶古法 | 衣裳無新製 |
| 童孺縱行歌 | 斑白歡游詣 | 草榮識節和 | 木衰知風厲 |
| 雖無紀歷志 | 四時自成歲 | 怡然有餘樂 | 于何勞智慧 |
| 奇蹤隱五百 | 一朝敞神界 | 淳薄既異源 | 旋復還幽蔽 |
| 借問游方士 | 焉測塵囂外 | 願言躡輕風 | 高舉尋吾契 |

> —— 桃花源記附詩

## 二

桃花源是陶淵明的一種憧憬，大自然是陶淵明的一種歸宿。他一向把大自然作他的故鄉，中年以後，沐浴在大自然之中：

> 邁邁時運　穆穆良朝　襲我春服　薄言東郊
>
> 山滌餘靄　宇暖微霄　有風自南　翼彼新苗

—— 時運第一首

大自然在他眼中，無一不美，無一不可愛，他是最會欣賞大自然景物

的人。試看歸鳥：

| | | | |
|---|---|---|---|
| 翼翼歸鳥 | 晨去於林 | 遠之八表 | 近憩雲岑 |
| 和風弗洽 | 翻翮求心 | 顧儔相鳴 | 景庇清陰 |

| | | | |
|---|---|---|---|
| 翼翼歸鳥 | 載翔載飛 | 雖不懷遊 | 見林情依 |
| 遇雲頡頏 | 相鳴而歸 | 遐路誠悠 | 性愛無遺 |

| | | | |
|---|---|---|---|
| 翼翼歸鳥 | 相林徘徊 | 豈思天路 | 欣及舊棲 |
| 雖無昔侶 | 眾聲每諧 | 日夕氣清 | 悠然其懷 |

| | | | |
|---|---|---|---|
| 翼翼歸鳥 | 戢羽寒條 | 游不曠林 | 宿則林標 |
| 晨風清興 | 好音時交 | 矰繳奚施 | 已倦安勞 |

這把他「那羈鳥戀舊林，池魚思故淵」的渴念描摹得淋漓盡致。在大自然裡有意志的自由（第一節），有至性之愛（第二節）有可愛的故鄉（第三節），有真正的平安（第四節）。

<h2 style="text-align:center">三</h2>

陶淵明沉緬麴蘗，酒可使他有超越尋常的自己的經驗，脫離現實的束縛。笛卡兒說：「我思故我存。」陶淵明說：

| | | | |
|---|---|---|---|
| 秋菊有佳色 | 裛露掇其英 | 汎此忘憂物 | 遠我遺世情 |
| 一觴雖獨進 | 杯盡壺自傾 | 日入群動息 | 歸鳥趨林鳴 |
| 嘯傲東軒下 | 聊復得此生 | | |

—— 飲酒第七首

他在酣醉時，才能說出「聊復得此生」的話。

| | | | |
|---|---|---|---|
| 故人賞我趣 | 挈壺相與至 | 班荊坐松下 | 數斟已復醉 |
| 父老雜亂言 | 觴酌失行次 | 不覺知有我 | 安知物為貴 |
| 悠悠迷所留 | 酒中有真味 | | |

— 飲酒第十四首

物我兩忘的經驗，竟於酒中得之！醉中的人，有如千年梧桐，其根半死半生，而此中眞味，非局外人所能想像。

> 有客常同止　取舍邈異境　一士常獨醉　一夫終年醒
> 醒醉還相笑　發言各不領　規規一何愚　兀傲差若穎
> 寄言酣中客　日沒燭當秉

— 飲酒第十三首

那些醉心名利的士大夫，以爲自己是醒的。看不起那些不懂求榮祿的「酒仙」，而「酒仙」也譏笑那些因名利罹禍、殺身的人，迷途不知返的亡羊：「有酒不肯飲，但顧世間名」！西方有個寓言說：一位國王在一個下午微服出遊，走到他所管理的城的一隅。那裡有口井是供應全市人民飲食的。突然來一個女巫，把一包藥投入井中，說：「我要讓全市的市民喝了這井裡的水都發瘋」。王回宮時吩咐太監不要到這口井去取水。但不久全市的人因爲喝那口井的水都發瘋了，大家起來革命，說：「我們的國王已經瘋了，要罷免他！」國王不得已也飲用那口井的水，也發了瘋。然而市民竟說：「我們的國王已經不發瘋了，不必罷免他了！」在亂世，陶公只好「常獨醉」。

> 居止次城邑　逍遙自閒止　坐止高蔭下　步止蓽門裡
> 好味止園葵　大懽止稚子　平生不止酒　止酒情不喜
> 暮止不安寢　晨止不能起　日日欲止之　營衛止不理
> 徒知止不樂　未知止利己　始覺止爲善　今朝眞止矣
> 從此一止去　將止扶桑涘　清顏止宿容　奚止千萬祀

由沉緬麴蘗，一旦大澈大悟。這好比禪宗的談論：「如何是知見立知？如何是知見立見？」「山是山，水是水。」明日復問：「如何是知見立知？如何是知見立見？」「山不是山，水不是水。」知醉不是醉，

便曉得止其不能止了。

## 四

老子第一章：

道可道，非常道，名可名，非常名。無名天地之始，有名萬物之母。故尚無，欲以觀其妙，尚有，欲以觀其徼。此兩者同出而異名，同謂之玄。玄之又玄，眾妙之門。

「道可道，非常道」，即禪宗所謂「第一義不可說」。「有」與「無」同是由道而出者，是道的兩面：正與負。老子所謂「為學日益」，「為道日損」，即「尚有」與「尚無」。「尚有」是用正的方法（為學）去求增加知識，「尚無」是用負的方法（為道）去求增加覺解。「尚有」可以「日益」，「尚無」則必日損。希臘有個哲人要過著「為道」的生活，把許多身外之物都丟了，只餘一個木桶和一隻碗。晚上，他把木桶覆蓋地上，他就睡在木桶內，白天他把木桶掀開，坐在木桶旁邊曬太陽。他用那隻碗以盛水和食物。後來他覺得水可以用手掌向河裡挹取，就把那隻碗也丟了。！

陶淵明中年以後賦歸去來，回到田裡，投入大自然的懷抱，過著「為道」的生活，把無用的丟了，得了許多「極高明」的覺解：

| | | | |
|---|---|---|---|
| 大鈞無私力 | 萬理自森著 | 人為三才中 | 豈不以我故 |
| 與君雖異物 | 生而相依附 | 結託既喜同 | 安得不相語 |
| 三皇大聖人 | 今復在何處 | 彭祖愛永年 | 欲留不得住 |
| 老少同一時 | 賢愚無復數 | 日醉或能忘 | 將非促齡具 |
| 立善常所欣 | 誰當為汝譽 | 甚念傷吾生 | 正宜委運去 |
| 縱浪大化中 | 不喜亦不懼 | 應盡便須盡 | 無復獨多慮 |

　　　　　　　　　　　　　　　　　　　　—— 神釋

沈有鼎先生曾提示馮友蘭先生說：「山是山，必有山之所以為山者，水是水，必有水之所以為水者。」（新原道六十面）宇宙之大，必有

其所以爲宇宙者。故陶淵明標出「萬理」兩字。這理就是宇宙所以成爲宇宙者，是森著於萬有之上。人亦有其所以爲人之理，就是神依附其間。常人如此，三皇、彭祖亦如此。人之生與死，乃人之所以爲人不可或缺的條件、汲汲戀生反而「傷吾生」，倒不如「委運」「乘化」好：「縱浪大化中，不喜亦不懼」。可見陶公覺解的一斑了。

禪宗臨濟宗所用的方法有所謂「四料簡」者，臨濟說：「有時奪人不奪境，有時奪境不奪人。有時人境俱奪。」（古尊宿語錄）在文學的境界而言：「奪人不奪境」，即等於王國維先生所說的「無我之境」，「奪境不奪人」，即王國維先生所謂「有我之境」，「人境俱奪」，即「物我兩忘」，其反面，或其盡頭，亦即「人境俱不奪」。

「奪人不奪境」如擬古第三首的前半：

> 仲春遘時雨　始雷發東隅　眾蟄各潛駭　草木從橫舒
>
> 翩翩新來燕　雙雙入吾廬　先巢故尚在　相將還舊居

這裡所寫的不著「我」之色彩。某名家曾敘述他放洋時，在海上看見隽逸的海燕，他說：「是故鄉的那一雙燕子嗎？」「是十年前的那一對嗎？」這首的後半：

> 自從分別來　門庭日荒蕪　我心固匪石　君情定何如。

這是「奪境不奪人」。這好比阮籍在憮歎曹魏的家族和司馬晉的家族所建立的關係，起初是非常牢固，如白金與鑽石，後來竟分裂了：

> 如何金石交　一旦竟離傷
>
> —— 詠懷詩第二首（文選所錄）

至「人境俱不奪」的，可以讀山海經首章爲例：

> 孟夏草木長　繞屋樹扶疏　眾鳥所有託　吾亦愛吾廬
>
> 既耕亦已種　時還讀吾書　窮巷隔深轍　頗迴故人車
>
> 歡言酌春酒　摘我園中蔬　微雨從東來　好風與之俱

> 　汎覽周王傳　流觀山海圖　俯仰終宇宙　不樂復何如

這一片天地全屬陶公所有：耕種、讀書、飲酒，享受新鮮的蔬菜，與衆鳥比鄰，「微雨從東來，好風與之俱」，陶公這時無異「載翔載飛」的歸鳥的「欣及舊棲」了，他的至性之愛，發洩無遺。

「人境俱奪」，可以飲酒第五首爲例：

> 　結廬在人境　而無車馬喧　問君何能爾　心遠地自偏
> 　採菊東籬下　悠然見南山　山氣日夕佳　衆鳥相與還
> 　此中有眞意　欲辨已亡言

結廬在人境，而生活在另一世界裡，採菊東籬下，卻與南山相「見」，這時不知南山是我，抑我是南山，好像莊周夢爲蝴蝶，不知是莊周化爲蝴蝶，抑或蝴蝶之化爲莊周，這是「物化」的境界。莊子說過一個寓言：毛嬙、西施，是世界上最美麗的動物。但她們到花園中去，看見鳥兒在花園中自由自在地玩耍，非常快樂，就想去和牠們做朋友。但牠們不認定毛嬙、西施是最美麗的動物，而把她們看做母夜叉，一隻隻都高飛逃走了！她們又來到魚池裡看遊魚。其中有幾條探頭到水面來看雲霞日彩，正在欣賞得出神時，突然看見了毛嬙、西施的來臨，認爲是兇惡醜陋的兩妖怪，也一條條都深潛到水底去了！鳥和魚都不懂得天下之正色。但毛嬙和西施，如會變成鳥和魚，便可以和牠們做朋友了！陶公「見南山」之際。他自己也已變成宇宙大海中的一波一浪了，或一點一滴了，和南山曾無以異，和飛禽走獸也混同了，故「衆鳥相與還」。這是天地境界的人物，與天地並生，與萬物爲一的獨往獨來的人物。

淮子原道訓講到甲、乙、丙三人在談論：

「道是什麼?」甲問乙。

「不知道！」乙答。

「道是什麼?」甲轉問丙。

「知道。道放之則瀰六合，卷之不盈一握……」丙答。

甲因之問丁：「乙和丙那一個對道瞭解得多？」

「乙懂得比較多！因爲他說『不知道』，可見道是超乎他的想像之外。至於丙所說的卻太粗疏了！」

禪宗認爲「第一義不可說」，也和道家說法無異。莊子說：「一與言爲二」，意即道如以言語解釋，則不是道。禪宗所謂「說似一物即不中」（懷讓禪師語錄），「我向爾道，是第二義」（文益禪師語錄）陶公有了與宇宙冥契的神秘經驗，但他只能說：「此中有眞意，欲辨已無言！」

—— 全篇完成於一九六七年十一月廿五日

（中正學報第二期）

# 人生的有限與無限

前不見古人　　後不見來者
念天地之悠悠　　獨愴然而淚下
　　　　　　　　── 陳子昂登幽州臺歌

詩到了唐代，感慨乃深，境界乃大，於此詩見之。茲闡釋如下：

由這首詩我們可以看到三種洪流：

一、生命之流（The Current of Life）

二、文化之流（The Current of Culture）

三、永垣之流（The Current of Eternity）

古人、今人、來者，匯成「生命之流」。「見」，見古人，見今人，見來者，反映出「文化之流」。「天地之悠悠」，是「永恆之流」。

## 一、生命之流

### ㈠生命的極限

「前不見古人，後不見來者」，這兩行畫出人生的極限：我們（今人）看不見已死的古人，也看不見未生的來者。這兩行是消極的斷案而不是積極的斷案。積極的斷案一定會舉出準確的數字的：「同一盡於百年兮，何歡寡而愁殷？」是愁人的覺醒。「鼎鼎百年內，恃此欲何成？」是「志士苦日短」。「三萬六千日，夜夜當秉燭」，是享樂者的主張。這三個例子同用百年作人生時日的極限，是不科學

的，不準確的，但科學也無法畫出準確的極限。

惠施麻物說十事，其第一事是：「至大無外，謂之大一，至小無內，謂之小一。」它沒有替至大、至小積極地下定義，只消極地用「無外」、「無內」作至大、至小的極限，卻永遠不會錯。陳子昂用「不見」古人、來者，作人生的極限，適用於一切的人，也永遠不會錯的。

古人能夠令人感念景仰的，是些有貢獻的歷史人物；來者能夠叫我們寄以厚望的，是那些會展開新猷的人，我們都沒有辦法看得見。這是多麼可痛的事呢？我們只有寂寂寞寞地過了一生。「汝曹身與名俱滅，不廢江河萬古流」。

「江河萬古流」是生命之流的況喻，我們是其中的一滴水，隨波逐浪地「開流盪無垠」（消逝無蹤）。然而集體的生命卻是奔騰澎湃，不分晝夜的。「前水復後水，古今相續流。」

許多英雄、偉人，龍騰虎躍地度此百年，都沒有法子衝破這個極限：看不到已死的古人，看不到未生的來者！留在歷史上的，都是一些歎息。因為人生太短促了，人類的慾望卻是沒有止境的，憑著求生的慾望，創造的慾望去活動，如終不能衝破這個極限。

孔子將死之前說：「泰山其頹乎？梁木其壞乎？哲人其萎乎？」曹操在短歌行中開頭就說：「「對酒當歌，人生幾何？譬如朝露去日苦多！」晉傅咸的詩云：「志士苦日短，愁人知夜長！」人生受這極限所制，無可奈何，一生在苦中挨過。

### (二)生命的充實

古詩：「生年不滿百，常懷千歲憂」。這是自然的現象。人有無限的慾望，而享年僅在一百年之內。嬰孩餓了就哭，母親餵他以乳，他才安靜，繼續地吃東西，身體就漸漸長大。童年求知慾強，看到什麼東西，就要什麼東西，都要加以玩弄一番，查出其究竟。

入學受教育，目的是充實其智識。青春期到了，對異性生愛慕，就去追求。壯盛之時，想建立功業。年老時希望長壽，希望有所留存於人世。

　　人因有所缺乏，有所不足，而感到痛苦。因此去追求，籍以充實其生活的內容。嬰孩因肚子餓的痛苦而號哭，齠齔因無知之苦而上學，青年期因無異性的慰藉而感到苦悶，所以追逐異性……追求有所收穫，使他的人生充實起來了。

　　人生最大的慾望是追求愛情與立功業。

　　聖經的雅歌（THE SONG OF SONGS）有這樣的一段：

> I adjure you,
>
> O daughters of Jerusalem,
>
> by the gazelles or hinds of the field
>
> that you stir not up nor awaken love,
>
> until it please.

我的五古漢譯是：

> 郇城衆女子　諦聽余叮嚀
>
> 羚羊深山歇　母鹿郊外行
>
> 毋令落荒躐　毋使夢中驚
>
> 郎儂方繾綣　欲飽飫春情

這是人性的眞象，追求色情的滿足。色情是人性基本慾求之一，爲求滿足，使人類在生活上變成了多彩多姿。

　　另一種的慾求是建功業。杜甫的歌詠諸葛亮，曾有這四行：

> 功蓋三分國　名成八陣圖
>
> 江流石不轉　遺恨失吞吳

他認爲三國時代最偉大的人物是諸葛亮。在生命之流的沖擊之下，泥沙多被淘去，只有這大磐石，是中流的砥柱，任憑狂浪怒潮如何

衝擊，總是安如泰山，「江流石不轉」，眞是偉大！

## (三)生命的展拓

　　生命之流藉愛情的追求，功業的建立……而充實，可見生命內在的本質是有力量的，如果不受遮蔽，不受抹殺，它是有衝力的，可以展拓的。

　　佛家把人分爲八識：耳、鼻、眼、舌、身（神經）、意（下意識）、末那（理智、情感、意志、想像）、阿賴耶（又稱藏識）等；第八識阿賴耶，它會包藏前七識。前七識是妄念。如果把妄念廓清，阿賴耶識明淨瑩潔，就是眞心照現了。

　　基督教的說法也無二致，心靈就是眞心，受物慾所宥，就是罪人，與上帝爲仇，與上帝隔絕。耶穌的降生與捨身，流出寶血，就是要洗清我們的罪孽，叫我們靠他而心靈瑩淨── 重生，有新生命。

　　佛家是要靠自力求解脫，基督教的靠他力而獲救贖。

　　人類有了心靈，可以與天地精神往來（莊子的說法），可以和古人交契，可以與今人── 雖然相隔已遠── 相存，可以感召來者。孔子說：我許久沒有夢見周公了。可見他的心靈曾經和周公時常交契，寤寐都沒有忘記！王勃說：「海外存知己，天涯若比鄰。」杜甫在想念被充軍的李白時說：「落月在屋樑，猶疑照顏色。」杜甫獲得搖落的經驗，憶起宋玉來，唱道：

　　　　搖落深知宋玉悲　風流儒雅亦吾師
　　　　悵望千秋一灑淚　蕭條異代不同時
　　　　江山故宅空文藻　雲雨荒臺豈夢思
　　　　最是楚宮俱泯滅　舟人指點到今疑

　　他看到搖落，才「深知」宋玉的悲秋。宋玉可以讓他取法的是「風流儒雅」。宋玉心靈所見的異象（VISION）是「雲雨陽臺」，杜

甫所見的異象是堯舜垂衣裳的「至治」景象，他用盛唐的景象去況喻它：

　　蓬萊宮闕對南山　　承露金莖霄漢間
　　西望瑤臺降王母　　東來紫氣滿函關
　　雲移雉尾開宮扇　　日繞龍鱗識聖顏
　　一臥滄江驚歲晚　　幾回青瑣點朝班

杜甫的願望是「致君堯舜上，再使風俗淳」。宋玉始終不願與世俗諧合。一位是以天下國家為己任，一位是高芳自賞，風流儒雅。兩人的性格不同，時代不同，卻可交契：悵望千秋，杜甫灑下熱淚，因為彼此相同的是蕭條的身世。宋玉的曲高和寡，至千秋之後，才遇這位偉大的知音。這樣悠長的歷史，千秋之上只有一位宋玉，千秋之下只有一位杜甫是知心人，是多麼寂寞而蕭條呢！

　　人類的生命展拓的另一方向是與天地精神往來。老、莊有此經驗，孔，孟也一樣有。孔子說：「四時行焉，百物生焉，天何言哉！」子在川上，喟然歎曰：「逝者如斯夫，不舍晝夜！」都是見道之語。孟子說：「吾善養吾浩然之氣。是氣也，至大至剛，充塞乎天地之間」，即是與神明交感而得的結果。文天祥得此經驗，做出驚天地，泣鬼神的壯烈事跡來。許多烈士，為國家，為民族，為正義，為真理，拋頭顱，濺熱血，都是受一種宗教力量所鼓動。他們雖死之日，猶生之年。

　　基督在十字架上，雙手向左右分開，被釘在木頭上，肩負著世人的罪孽，他死了。但三天之後復活了，他個體短促的生命，變成永恆無限的生命。

## 二、文化之流

### ㈠覺解的提高

由單細胞的生物進化至靈長類，是經過悠長的歲月的。由北京人至黃帝，據古生物學家與考古學家，地質學家的推斷，有五十萬年。這樣漫長的歲月，杜甫所描繪的「穿花蛺蝶深深見，點水蜻蜓款款飛」，「細雨魚兒出，微風燕子斜」的景象，不知出現了幾千萬遍，至杜甫始把它們著諸竹帛，這是洩漏出宇宙的美。孔子的「逝者如斯夫，不舍晝夜」，說出宇宙的循環性——有軌跡的變，也就是「常」。易繫說：「天行健，君子以自強不息」。這是洞識宇宙積極的善。陶潛的詩歌所以會道中庸而極高明的，是靠他與宇宙的冥契。「歸鳥」一詩，寫出禽類的向心力，與造物者的愛。寫到他自己的心境，「蹤浪大化中，不喜亦不懼」，讀山海經時有「微雨從東來，好風與之俱，泛覽周王傳，流觀山海圖，俯仰終宇宙，不樂復何如」的情操。

從狂獠的猿人，到了極才盡智的聖賢，人類慢慢地擺脫了獸性而超凡入聖了。這全靠排除六根與末那識的妄念，而令阿賴耶識猶如瀑流地活動著。

人類提高其覺解有兩種方式：一是向外，一是反求諸己。西方近代的物質文明是靠耳、眼、鼻、舌、身、意、末那的活動，又加上發明的儀器，以幫助前七識所不逮者。譬如以往的顯微鏡，望遠鏡，雷達等，目前的電腦。這是科技方面的發展，其對象是事物。

經驗派的哲學家，研究物理，發現許多現象可以充實人類的生命，可以使生活豐富。要抓住這些現象，胥賴發明方法，而這些方法可用公式寫出來。研究物的人以「事」（現象）為眞諦。馬克思、恩格斯研究歷史（事），在最完全的圖書館苦攻三十年，卻發明唯物辦證法來——研究「事」（歷史）的，認為「物」是宇宙的眞諦。

人類靠著科學，覺解是提高了，生活是充實了，生命也蓬勃起來了，社會也繁榮起來了。可是人類面臨饑饉的困境，面臨原子戰

爭的危機，而無法自拔！

猶太的先知老早就豫言：「到那日，人餓了不是因為沒有餅，渴了不是因為沒有水，而是因為沒有上帝嘴裡的話。」

在東方發源的基督教、佛教、儒家、道家、墨家，都向內去求靈明，「即反求諸己」，讓阿賴耶識沒有受物慾所蔽，而能恢復功能（FUNCTIONING）能夠與天地精神往還。好像一架收音機，機件發生故障，無法收聽到電台的廣播。一旦修理好了，機件沒有毛病了，當然收聽電台播送的節目沒有問題了！

### ㈡貫串古今中外

聖經記載：撒都該人不信有復活的事，來非難耶穌：「依照摩西的律法，哥哥死了，弟弟要娶哥哥的遺孀，生子為哥哥立後。某一個家庭有七個兄弟。哥哥死了，第一個弟弟和哥哥的遺孀結婚，也死了，第二個弟弟也依例娶了這個遺孀，又死了，這樣地七個兄弟相繼和這個女子結婚，都死了。復活的時候，這個女人應該屬於七個兄弟中的那一位?」耶穌回答：「復活時不嫁不娶，像天使一樣。我們的載籍常說：上帝是亞伯勒罕的上帝，以撒的上帝，雅各的上帝。所以上帝是活人的上帝，不是死人的上帝。」

同理：「前不見古人，後不見來者」，所謂「古人」與「來者」，是指歷史人物，不是指那些渾渾噩噩，與草木同榮枯的人。

「見」是貫穿古今，連繫中外的。人類的「見」，匯成洪流，叫人類能夠承神的音旨，宰制萬類，能夠潛水、升空，有一天可與其他星球交通。

這種「見」，使百年不足的人，能夠享受數千年文化成果的利惠，困守一隅的人，可領略全世界的風光。

### ㈢建立新秩序

希臘神話中有一對兄，弟一個叫 PROMETHEUS 另一個叫

EPIMETHEUS，前者會知道未來的事，可稱爲先知，後者會知道過去的事情，可稱爲史家。這可說是猶太民族和中華民族的分野：猶太民族出了許多先知，中華民族出了許多史家。這兩種民族的歷史哲學卻殊途同歸：中國有大同的主義，研究學問要爲往聖繼絕學，爲萬世開太平。猶太民族有天國運動，起初是先知的豫言，到了耶穌基督的降生，天國運動便如火如荼地展開了。

禮運大同篇是儒道墨三家思想的結晶品，共同的原則是「天下爲公」。先知所豫言的新秩序是：把戰車焚燬火中，不再學習戰爭的事，羊與狼同居，獅子和牛一同吃草，嬰孩伸手在毒蛇洞……人類社會與自然界，都要來一個大解放。

中國歷史所看到的是「久分必合，久合必分」（小說家歸納出來的原則），「據亂世」與「昇平世」的交替（公羊家歸納出來的現象），從來沒有看到「太平世」的來臨，但卻深信「太平世」有一天必定要出現。

猶太人，剛剛形成爲一個民族之時，即成爲奴隸。其民族英雄摩西奉上帝的命令，顯奇蹟地把他們帶領出來，在荒野飄流四十年，進入迦南之後，過一段時間才建國，建國幾百年後即覆亡，只是始終沒有忘卻他們的傳統，及重建伊甸園的理想。中華民族到了黃河中下流平原，建立了農業文化，那中心便變成大洪爐，使許多後至的民族，及先來的「四裔」，都熔入其中，終於產生「大同主義」。

中國的歷史是一部向心的歷史，猶太的聖經，是猶太民族離心的記載。先知都指責其同胞的悖逆，然而這兩個民族想建立新秩序的理想，卻無二致。

# 三、永恆之流

## ㈠無限的既往

李白說：「巴水忽有盡，青天無到期」。「青天」況喻永恆之流，和「念天地之悠悠」一樣。個體的生命和生命之流比較起來，是多麼的渺小，個人在學術上的成就和文化之流比較起來，也是非常的有限，但是把人類整個的生命之流和文化之流來和永恆之流比較，也是小巫見大巫。

眺望千秋，我們看到古代之聖賢與英雄，中國人景仰孔、孟，而孔、孟卻景仰三代之英。三代之英之前，要靠考古學家、地質學家去研究上洞老人，北京人了。離開我們兩萬五千年的上洞老人，其生活狀況只能靠他們的遺物想像到一點點，至於北京人，我們能夠明白的就更少了。「黃河之水天上來，東入於海不復回」，這景象沒有人管，只有運用雙手拿著石器和野獸博鬥。相逢之時，不是說：「你好」，而是說：「無它（蛇）乎？」沒有毒蛇是平安的意思。

北京人之前是甚麼光景呢？根本無法想像。

猶太民族據聖經所載，他們的祖先是亞伯勒罕。領他們出埃及脫離奴隸的生活的，是他們的民族英雄摩西，建立宗教社會制度的也是摩西。由神權時代轉入王權時代的偉人是掃羅·大衛、所羅門。亞伯勒罕之前有挪亞，造方舟，脫離了洪水的災殃。由挪亞上溯至亞當，是人類的始祖。—— 這些都是有限的，至於上帝創造天地，分為六個階段，六個階段之前，又是極悠長的時間，我們無法想像。

尚書載卿雲歌：「卿雲爛兮，糺縵縵兮，日月光華，且復且兮。」地球形成時曾顯出這樣的景象，至今已經是幾億年了！前人有

> 千秋誰照灼　七曜森光茫

的句子。這是指有史以來那些聖賢豪傑的影響力，他們發出光輝，像星辰日月這樣地照耀著。

「七曜森光茫」原是造物者的工作，聖賢得了造物者的靈感，能夠效法他發出光輝，遙開新紀。是的：「經綸有新紀，事業無窮年。」

### (二)未來的劫運

清初廣東的明代遺老陳恭尹有一首詩：

> 虎跡蒼茫霸業沉　古時山色尚陰陰
>
> 半樓月影千家笛　萬里天涯一夜砧
>
> 南國干戈征士淚　西風刀剪美人心
>
> 市中亦有吹簫客　乞食吳門秋又深

第一二兩行是說，古代英雄的影響力已成為歷史的陳跡。第三四兩行是說：現在當權者維繫力，叫人民晚上回家時可看電視，聽廣播，享受人生的樂趣，但他一聲令下，又可讓全國的人民為出征軍人預備行李。第五六兩行是說：一些失意的政客在苟延殘喘，他們所領導的社會正在衰歇之中。第七八兩行是說：市中的吹簫客——未遇的英賢，現在雖然是乞丐，但是有一天他們要走上歷史舞台，叱吒風雲。

歷史好像走馬燈，此去彼來，循環不息。整部歷史充滿了天災人禍。聖經有挪亞時代的洪水，有猶太民族在埃及為奴隸的不平事件，及後來被擄至巴比倫的亡國慘痛。中國古代也有洪水的災殃，秦始皇的暴政，漢、唐、明等代宦官之禍亂，揚州十日、南京大屠殺，文化大劫運……。

全世界本世紀已經歷了兩次的大戰，今天又面臨核子戰爭的毀滅的危機。人類生命之流，文化之流的絕續，全看人類是否會排除

妄念、私慾、罪惡，而恢復靈明，可以避免世界有史以來最大的禍患。

　　誰會拯救我們脫離這樣大的毀滅？我們要效法陳子昂這樣地歎息著：

　　　　前不見古人——　三代之英、孔子……

　　　　後不見來者——　道成肉身的救世主，要來的彌賽亞。

　　　　念天地之悠悠——　人類滅了，天地依然如故。

　　　　獨愴然而淚下——　想起不禁要愴然下淚了！

### （三）可寅畏的來者

　　當以色列與猶太相繼覆亡的時代，先知以賽亞曾傷心地說：我們忍受生產的痛苦，但所產的竟像風一樣！」但在另一處卻這樣的豫言：

　　　　……有一嬰孩為我們而生，有一子賜給我們，政權必擔在他的肩頭上。他名稱為奇妙，策士、全能的上帝，和平的君。……以公義使國穩固，從今直到永遠……

　　　　　　　　　　　　　　　　　— 賽九：六/九

　　孔子說：「後生可畏」。這位來者是上帝親自來……道成肉身，最是可寅畏的：

　　　　……叫我傳福音給貧窮的人，差遣我醫好傷心的人，報告被擄的得釋放，被囚的出監牢，宣告耶和華的恩年。

　　　　　　　　　　　　　　　　　— 賽六一：一/二

　　　　他所宣告的這些神聖的任務，是流他自己的血去完成的：

　　　　……我都如羊走迷，各人偏行己路，耶和華使我們眾人的罪孽都歸在他身上。

　　　　　　　　　　　　　　　　　— 賽五三：六

　　　　他必在多國的民中施行審判，為遠方強盛的國斷定是非。他

們要將刀打成犁頭，將槍打成鐮刀，這國不舉刀攻擊那國，他們也不再學習戰事。

—— 彌迦四：三

豺狼必與綿羊同居，豹子與山羊羔同臥，少壯獅子與肥畜同群，小孩子要牽引他們。牛必與熊同食，牛犢必與小熊同臥，獅子必喫草與牛一樣。吃奶的孩子必玩在虺蛇的洞口，喫奶的嬰孩必按手毒蛇的穴上。

—— 賽十二：六/八

這樣的新秩序是上帝道成肉身，降臨人間，親手建立的。上帝為甚麼要變成人？莊子說：「毛嬙西施，世之美人也，鳥見之高飛，魚見之深潛，斯二者孰知天下之正色耶！」是的：如果毛嬙、西施變成了鳥和魚，就可以和牠們做朋友了。上帝變成人，而且變成窮苦的木匠，最後又上十字架，備嘗人間的苦厄以至慘死。然而他復活了，表彰了上帝永恆的生命。

## ㈣欣幸得見來者

在耶路撒冷有一個人名叫西面，這人又公義又虔誠，素常盼望以色列的安慰者來到，又有聖靈在他身上。他得了聖靈的啟示，知道自己未死以前，將看見主所立的基督。他受了聖靈的感動，進入聖殿，正遇見耶穌的父母抱著孩子進來，要照律法的規矩辦理。西面就用手接過他來，稱頌上帝說：「主啊，如今可以照你的話，釋放僕人安然去世，因為我的眼睛已經看見你的救恩，就是你在萬民面前所豫備的，是照亮外邦人的光，又是你民以色列的榮耀。」

—— 路二：廿五/卅二

這位來者，西面看見了，非常快慰，因為他是千載之上的人所殷切期待的：

這些人（指亞伯拉罕、摩西、大衛及諸先知）都是存著信心死的，並沒有得著所應許的，卻從遠處望見，他歡喜迎接。又承認自己在世上是客旅，是寄居的。

說這話的人，是表明自己要找一個更美的家鄉。

—— 希十一：十二/十四

受造的萬物，也在期待著：

受造之物服在虛空之下，不是自己願意，乃是因為那叫他如此的。但受造之物仍然指望脫離敗壞的轄制，得享上帝兒女自由的榮耀。我們知道一切受造之物，一同歎息勞苦，直到如今。

—— 羅八：廿/廿二

有一天基督在地上建立了天國，不但歷史上的人所期望的更美家鄉實現了，人類的願望達到了，連絡馬首、穿牛鼻的事也不再有了，猛獸不再傷人害物，牛羊豬雞等不再受屠宰。這是普天之下大解放。

孔子所想望的大同社會，離開孔子已經兩千五百多年了，還沒有實現。耶穌基督所手創的天國，雖雛形已具，但兩千年了，也還沒有實現。大同社會離開孔子太遠了，天國離開耶穌在世的時代也很遠。可是大同社會離開我們很近，天國的具體實現也就在目前了。先知所豫言的一籃夏天的水果—— 成熟了，就是指我們這個時代。

今天人類餓了，不是因為沒有餅，渴了，不是因為沒有水，而是因為沒有上帝嘴裡一切的話。有一天人類經過核子戰爭的洗禮之後，才澈底悔改，皈依耶穌基督，受祂寶血的洗淨，得了他的生命，取得天國籍民的資格，那就是基督建立新秩序在世界上的時候了。

吳經熊博士於一九六零年曾錄其一九四九年在羅馬的一段日記

示筆者：

> O my Jesus, once you were incarnated,
> now I beg you to be incarnated again.
> Be a Chinese, amongst the Chinese.
> In my mother's house, be you my brother,
> nursed at the breasts of my mother.
> Be you naturalized in my mother's house,
> that my mother's house may be supernaturalized
> in the House of your Father.
>
> June 28, 1947

這位當代的哲人，身經亂離，深究東西文化之餘，渴望耶穌會道成肉身，誕生在祖國文化的土壤裡，成爲可敬畏的來者，可愛慕的來者。——這位來者如果顯現，天國便臨格地上了。

## 五、共享天祚億載萬年

老子在兩千幾百年前已經指出：「爲學日益，爲道日損。」爲道是指「反求諸己」「與天地精神往來」，所謂日損是「漸近自然」。走這條路線，人類的生命之流，文化之流，都可融入永恆之流之中，不知其盡也。張遷碑的這句話，借來用於這裡，都是一種況喻而已：「共享天祚，億載萬年。」

（菲世界日報新潮）

# 杜甫贈衛八處士詩演義

## 無常的人生

　　杜甫贈衛八處士詩，受佛家思想影響，寫出人生無常的例子。茲分析如下：

| | | |
|---|---|---|
| 人生不相見 | 動如參與商—— | 乖隔的無常 |
| 今夕復前夕 | 共此燈燭光—— | 邂逅的無常 |
| 少壯能幾時 | 鬢髮各已蒼—— | 衰朽的無常 |
| 訪舊半爲鬼 | 驚呼熱中腸—— | 死死的無常 |
| 焉知二十載 | 重上君子堂—— | 機遇的無常 |
| 昔別君未婚 | 兒女忽成行—— | 生生的無常 |
| 怡然見父執 | 問我來何方—— | 造因的無常 |
| 問答未及已 | 呼兒羅酒漿—— | 結緣的無常 |
| 夜雨剪春韭 | 新炊間黃粱—— | 享用的無常 |
| 主稱會面難 | 一舉累十觴—— | 契闊的無常 |
| 十觴亦不醉 | 感子故意長—— | 情誼的無常 |
| 明日隔山岳 | 世事兩茫茫—— | 身世的無常 |

這樣的排比，是一九四八年擬具的。讀杜詩要用剝笋的方式，毛殼去盡，玉脯自見。茲續說如下：

## 一、乖隔的無常

　　人生的痛苦、渴慕與歸宿，是人生的三部曲。人生的不如意與

短促是痛苦的原因。不死藥，續命絲，都無從求得，所以覺者都用酒來麻醉自己的神經。現在渾渾噩噩的人，卻用雅片嘛啡來慢性自殺。

不如意是乖隔。「同心而離居」，許多結婚後渡洋謀生的，都有此經歷。「惜哉時不遇，適與飆風會」，李泌如果沒有安史之亂，曾國藩如果沒有對抗太平天國運動，他們的才具，終必湮沒。李後主的「雕欄玉砌應猶在，只是朱顏改」，是得自承襲，失於闇弱。「大道多歧」，常令兩個敵體無法相值。

據說參宿和商宿是兩顆出沒不同時的星（現代天文學家卻說是同一顆星，而輝映不同景象而已）。可作人生一切乖隔的比方。

張居正是明代的政治家。他的成功是兩個人造成的：一是湖廣巡撫顧璘，在張居正十六歲應鄉試時，吩咐考官不把他錄取，恐怕將來會在湖廣地方造出一個唐寅來。另一位是華蓋殿大學士徐階，不讓張居正和嚴嵩相碰，讓他學得含忍的工夫，日後克以負起重任。但歷史上多少具張居正這樣才識的人物，所遇的人君也不像明世宗的「嚴而昏」，但很少能夠有用於時的機會。馮唐、梁鴻，都是明顯的例子。

杜甫「讀書破萬卷，下筆如有神……自謂頗挺出，立登要路津，致君堯舜上，再使風俗淳……」可是初遇李林甫的考試騙局，繼有楊國忠的頑嚚奸佞，不得進身：終遭安史之亂，「乾坤含瘡痍，憂虞何時畢」？

## 二、邂逅的無常

膾炙人口的湯顯祖的牡丹亭，說到南安太守杜寶，是杜甫的後代，生有一女，名麗娘，盛年尚未適人。一個春天的早晨，麗娘到花園玩賞，回房後頓覺心神恍惚，昏昏入夢。夢中遇書生柳夢梅

（柳宗元之後裔）因相愛戀。一覺醒來，一切都如露如電地幻化掉。自此麗娘便若有所失地日夜如醉如痴，芳容悴憔，不久就香消玉殞了！至於柳夢梅卻實有其人他無意中拾得麗娘自畫像，便著了魔，把它供奉在案頭，早晚膜拜。終於感召了杜麗娘的靈魂來到他住處，與他結盟。夢梅偷開麗娘的棺木，她便復活起來了。

　　此曲可喜可愕的情節，優美纏綿的詞藻，顛倒了無數的青年。婁江的俞二娘因雒誦其詞而斷腸以死，馮小青也為此作繭自縛。「如何傷此曲，偏袛在婁江」？「冷雨幽窗不忍聽，挑燈夜讀牡丹亭。人間亦有癡如我，不獨傷心是小青」。

　　這喜劇叫兩個敵體，能夠相遇相值，是人生無常的一種精神上的安慰。

　　孟子和莊子同時代，但孟子和當代許多學派辯論，從未提到莊子。莊子天下篇及其他文章，暢論那時的各大家，卻未提到孟子。李白和杜甫這兩顆詩壇的巨星，卻能相值，結成良友，聞一多說，要打三通鼓，因為這是文學史上的大事。

　　李翰節婦吟：「君知妾有夫，贈妾雙明珠。感君纏綿意，繫在雙羅襦……還君明珠雙淚垂，恨不相逢未嫁時。」這樣的邂逅，徒增心靈的創痛。杜甫夢李白兩首，為李白的遭際傷痛，也為自己傷痛：「冠蓋滿京華，斯人獨憔悴……千秋萬歲名，寂寞身後事！」

## 三、衰朽的無常

　　以前有漫畫家描繪歐戰主角興登堡的三部曲：頭戴將軍帽，兩肩也活像戴平頂帽的頭顱。他的頭變成一座洋樓，兩肩變成洋樓的門牆的柱頭。那座洋房變成丘墓與石碑，柱頭變成墓門。由叱咤風雲的元帥，而寓公，而作古。

　　聖賢也是如此。李白說：「古來聖賢皆寂寞」，「舜堯之事不足

驚」！

耶穌對彼得說：「你年少的時候，自己束上腰帶，隨意往來，但年老的時候，別人要把你束上，帶你到你不願意去的地方。」（約翰福音廿一：十八）

如果我們注意別人，會覺得「今日黃花昨日開」。注意自己，會慨歎「朝爲靑絲暮成雪。」如果退居僻壤一段時間，再到繁囂的社會去看看，會拍案驚叫：「山中方一日，世上已千年！」如果能夠返老還童，即不能「策高足，先據要路津」，總可以「秉燭遊」呢！

## 四、死死的無常

李白常說出超人的經驗：「俱飄零落葉，各散洞庭流」，叫人生出神秘的共鳴。莊子的妻子死了，鼓盆而歌。惠施怪他不近人情。他卻說，人是冥冥然而來，寂寂然而去，來時是天地賦給形狀，去時是與物具化。想得透，看得破，便不必有感情作用了。杜甫卻道出人的經驗，叫人生出親切的共鳴。「去者日以遠，來者日以親。出郭門直視，但見丘與墳。」這像字字珠玉的古詩十九首，貴在人情味眞淳。拿這種詩去衡量我們的心，去緬懷先人及死友，怎會不泫然淚下！

孔子將死之前，負手曳杖而歌曰：「泰山其頹乎！梁木其壞乎！哲人其萎乎！」其門人聽了便說：「泰山其頹，吾將安仰？梁木其壞，吾將安仗（原文無此四字，從王引之校補）？哲人其萎，吾將安放？」事實上他的典型常存，叫我們世世可以放（仿）效。

嵇康臨刑時彈廣陵散一曲。廣陵散雖成絕響，後人還能追念他的遺風餘韻。

陶淵明自挽辭：「有生必有死，早終非病促。昨暮同爲人，今

日為鬼錄。魂氣散何之，枯形寄空木……但恨在世時，飲酒不得足！」（第一首）。

荒草何茫茫，白楊亦蕭蕭……幽室一已閉，千年不復朝，賢達無奈何……」（第三首）

李太白臨終歌云：「大鵬飛兮振八裔，中天摧兮力不濟，餘風激兮萬世，遊扶桑兮掛左袂……仲尼亡兮，誰為出涕！」他的生命像「黃河之水天上來」，但也感到「力不濟」，深知餘風可以激動萬世。杜甫形容他：「魂來楓林青，魂去關塞黑！」後人景慕杜甫，也說：「擬鑿孤墳破，重教大雅生。」如果中國詩壇上少了李、杜，該會多麼黯淡而寂寞呢！

## 五、機遇的無常

邂逅是偶然的，機遇是或然的。換一句話說：邂逅的或然律小，機遇的或然律大。

人總是準備好身心能力，待機而動，如果準備夠了，機遇一來，可以飛揚跋扈。如果準備不夠，機會一來，無法去掌握。

準備固然重要，知機更不可忽略：「背城花塢得春遲，凍雀銜殘猶未知。聞道綠珠殊絕世，我來偏見墜樓時！」春天來了，牠不知道，綠珠墜樓了，才要瞻仰她，這是不知機之故。

人們總是把生命當作賭注。但賭博大贏大輸的機會小，小輸小贏的機會多。

一滴雨水或一朵雪花，如落在青海巴顏克喇山脈的北坡，便匯入黃河裡，落在南坡，便流入長江裡。在雲南，元江和金沙江（長江中上游）相距最近處，不及一百公尺，但出海口卻相離了三千公里。生在菲國深山窮谷中，生活非常單調。如果那裡有人遠走高飛至歐美去生活，其變化將難以逆睹。這是極平凡的例子。

杜甫準備很夠，又生在盛世，卻沒有在勢力圈內抓到什麼，反而在亂離時遭受危險與飢寒，這是極不平凡的例子。

國無道，富且貴，恥；國有道，貧且賤，恥。李、杜在盛世時沒有好機遇，在亂離時，飽受磨折。原來他們都是居易以俟命的，不願行險以徼倖。這是智識分子的本色：「得志使民由之，不得志獨行其道」。

# 六、生生的無常

人類的生命之流，像長江、黃河那樣的壯闊。有「訪舊半爲鬼，驚呼熱中腸」的低潮，也有「昔別君未婚，兒女忽成行」的洪峰。我們站在「今」的一點上去訪舊，覺得「去者日已疏」，去迎新，覺得「來者日以親」。

白居易在「田園寥落干戈後，骨肉流離道路中」的時代，看見生命之流繼續在迸射馳驟，十六歲就寫出「野火燒不盡，春風吹又生」的名句，驚動了長安。

張若虛以春江花月夜孤篇爲唐人壓卷，裡面有云：「人生代代無窮已，江月年年只相似。不知江月待何人，但見長江送流水！」李太白的「今人不見古時月，今月曾經照古人。古人今人如流水，共看明月皆如此！」都是把月亮象徵宇宙的永垣性，把生命之流象徵宇宙的變易的連續性。

宋明理學家敎人「去人慾，存天理」。因爲放縱人慾，人類會率獸淫人，會產生核子戰爭，會斬斷生命之流。

清戴東原卻認爲慾而不自私，則合於天理，因爲人慾是推動人類去追求，去創造的原動力。小孩懷抱母親的乳房，可得性的慰藉，有性的慾求，叫男女兒童一起玩耍，有青梅竹馬的畫意，兩無猜的詩情；叫情竇初開的小郎小妹「朝朝相見只底頭」，叫少男

「憶得綠羅裙，處處憐芳草」，叫少女「思公子兮未敢言」，叫壯年人去發展事業。

## 七、造因的無常

如果亞當不感到寂寞，上帝不叫他沉睡，抽出他肋旁的一根骨頭來，造成夏娃，伊甸會長留人間，一切的政治、經濟、科學、哲學、宗教、藝術……都成廢話。

「一夜夫妻百世恩」。詩經的緇衣首章：「緇衣之宜兮。敝，予又改爲兮。適子之館兮。還，予授子之粲兮。」描寫一個溫存的妻子，送丈夫上公事房時，給他一個甜吻。然後依倚在他的懷中，用纖指摸他的黑粗布衣裳，吐氣若幽蘭地說：「這件黑布衣做得很適合你的身材啊，你穿起來樣子多麼俊啊！等到破了，我會替你再做一件。你上公事房去罷。回家時我會向你獻上嫵媚的微笑啊！」

佛家認爲萬有是因緣和合來的。空宗否定本體，萬象由因緣和合而生，那條件一改變，那現象即滅。所以萬象是假的，虛幻的，空的。

空宗、有宗都怕造因。有智慧的覺者畏因，渾渾噩噩的眾生畏果。中國的傳統思想，主張造善因。

大抵順情慾，種的是惡因，順天理才會種善因。西方尙肉慾，所以性解放，造成離婚、雜交，率獸淫人等現象。

## 八、結緣的無常

人生舞台上常見的場面：一批人物剛剛粉墨登場，旋即轉換新局面。黃昏時到海上，看白雲像蒼狗。人生的結緣，要作如是觀。

唐代有一位詩人走到一座城，那裡的一座屋子的外院有桃樹，樹上花開得很熱鬧。詩人感到口渴，敲那屋子的門要水喝。出來的

是一個妙齡的女郎，兩頰像蘋果那般紅，拿了一杯水讓他喝。過了一年，詩人舊地重遊，又見桃花在怒放。詩人再去敲門，可是那個女郎看不見了！他很感喟地口占了一絕：「去年今日此城中，人面桃花相映紅。人面不知何處去？桃花依舊笑春風！」

莊子曾講一個有趣的故事：有一位男士叫尾生，和他的女朋友約好：某晚上在橋下幽會。尾生照約定的時候去了，那女孩子卻沒有來！潮水漲了，河水也因之高起來了！尾生心裡說：「她可以失約，我卻不願無信！」抱了橋下的柱子，被水溺死了，證明他依時到達幽會的地點！

「聖代無隱者」。其實是「亂世無隱者」。諸葛亮出茅廬，是其例證。杜公在安史亂時，才有機緣出仕，做了工部員外郎。可惜只有八個月便丟了紗帽！

李義山詠梅花：「我是夢中傳綵筆，欲書花葉寄朝雲」。有人針對這兩行說：「你想：紅花綠葉，其實在夜裡都佈置好了，── 朝雲一刹那見！」

杜甫感到「匡衡抗疏功名薄」，知道人生結緣的無常，所以有「佳人拾翠春相問，仙侶同舟晚更移」的句子。

## 九、享用的無常

陶潛：「歡言酌春酒，摘我園中蔬。微雨從東來，好風與之俱」，描繪他享用的快樂。陶氏是晉宋易代時避世躬耕的千載人，杜氏是唐代盛世轉衰行吟的百世士，一位是冷眼睥睨著南朝金粉，一位是熱衷地歡息著：「朱門酒肉臭，路有凍死骨！」這是現實世界的兩極，後人也有「金樽美酒千人血，歌聲高處哭聲高」的警句。我們只著眼現實的「美」，漠視它的醜，「那些百姓沒有飯吃，何不吃肉糜？」

　　假如有人發明一種收音機，能夠用錄音帶把古代的聲波收回來，把阿房宮、漢宮、吳宮、隋宮……的歌聲錄起，比較長城的「鬼哭啁啾聲沸天」，和無定河邊征人垂死的嗚咽，家園閨中人的歎息，恐怕後者會掩盡前者一切的音響。

　　列子楊朱篇曾講一滾故事：鄭國最好的執政者子產有兩個兄弟，蓋大房子來貯藏醇酒美人，一進去裡面，左擁右抱，酩酊大醉，三月始出。子產規勸他們要樹立名節，不得荒淫無恥。他們卻說：人生不過百年，五十載是黑夜，扣除年少及衰老的廿五年，壯歲只有廿五年，這段時間又有工作的繫累，疾病的纏繞，意外的發生，可安心享受的只有多少？然而李白雖受這說的影響：「人生得意須盡歡，莫使金樽空對月」！卻也從這飲酖止渴式的迷夢中醒覺起來：「姑蘇城上烏棲時，吳王宮裡醉西施，吳歌楚舞歡未畢，青山欲銜半邊日，銀箭金壺漏水多，起看新月墜江波──東方漸高奈樂何！」

## 十、契闊的無常

　　「久旱得甘雨，他鄉逢故知」，是人生舞台上珍貴的鏡頭。特別在亂離時，總會憶起詩經的「風雨如晦，雞鳴不已，既見君子，云胡不喜」的一幕。

　　蘇武和李陵贈答中的「嘉會難再遇，歡樂殊未央。願君崇令德，隨時愛景光。」「努力崇令德，皓首以爲期！」古詩十九首中的「今日良宴會，歡樂難具陳」，其中的意味，非常深長。曹操得到年青時代的朋友，「越陌度阡」，來相存問，來「契闊談宴」，曾引詩經的「呦呦鹿鳴，食野之苹。我有嘉賓，鼓瑟吹笙」，以誌其盛，且由此生出「周公吐哺，天下歸心」的遐想。

　　最具閒情逸緻的是孟浩然所描繪的一幕：「故人具雞黍，邀我

至田家，綠樹村邊合，靑山谷外斜。開軒面場圃，把酒話桑麻。待到重陽日，還來就菊花。」李義山也有：「君問歸期未有期。巴山夜雨漲秋池。何當共翦西窗燭，卻話巴山夜雨時。」人生的旅程雖叫人飄泊無定，巴山夜雨漲秋池，卻是值得駐足觀賞。但共翦西窗燭的一幕，卻不易獲得！「安得促席，話此平生！」

　　陶潛做縣官時，「座上之客常有，樽中之酒不空！」杜公也曾有這樣的經驗：「舍南舍北皆春水，但見群鷗日日來。花徑不曾緣客掃，蓬門今始爲君開。盤飧路遠無兼味，樽酒家貧只舊醅。頃與鄰翁相對飲，隔籬呼取盡餘杯。」

# 十一、情誼的無常

　　蘇李的贈答，表現友情的眞摯。曹操的短歌行，也表現其心靈深處的聲音：「心念舊恩」，雖然他的作風是那麼自私。然而爲現實的利害關係，人總把人倫的至情抹殺掉！

　　阮籍在殺機四伏的政治氛圍裡，有「一身不自保，何況戀妻子」的歎息。他看見司馬懿與曹爽的互相傾軋，雖然不願依附曹爽，不至同受夷戮之禍，卻生怕司馬氏演出篡奪的慘局，曾發出溫柔敦厚的諫詞：「願睹卒歡好，不見悲別離！」阮籍的心願爲現實的利害關係所粉碎。再看到許多同輩，只要有點聲望，都遭禍害。他也準備犧牲：「求仁自得仁，豈復怨咨嗟！」

　　李義山受令狐氏父子的薦引之恩，心中非常感激。但他因和令狐氏的政敵的女兒結婚，一生官不掛朝籍。但看到些像美玉的朝廷棟樑，受皇帝特別恩眷，付託以除閹禍的大事。這項計謀，部署欠密，不但沒有成功，這些輔拂之臣，全被宦官殺戮籍沒！「君恩不庇身」！

　　李杜是盛唐詩壇的雙星，且是一對好友。杜甫比李白年靑，對

李非常景仰：「高山安可仰？徒此挹清芬。」及李白因牽入永王璘叛亂，被流夜郎，杜甫夢李白兩首，首章：「魂來楓林青，魂去關塞黑！落月照屋樑，猶疑照顏色。君今在羅網，可以有羽翼……水深波浪闊，無使蛟龍得！」用韻如擊碎唾壺的歎息。次章：「江湖多風波，舟楫恐失墜。……冠蓋滿京華，斯人獨憔悴。孰云網恢恢，將老身反累。千秋萬歲名，寂寞身後事！」音調變成嗚咽了。

# 十二、身世的無常

三十多年前，我的父親帶著全家回故鄉，卜居偏僻的海隅，為要避世、讀書、施教。廿二年中把五個小小的教會，變成九個教會，其中有三個規模增大了三倍，另一個新教會，也屬大型的，因近縣城，改隸邑堂會。可是每當我們離故鄉到廈鼓時，見到親戚故舊，真有隔世之感！

小學時代有一名年長的同學，他的遭遇叫我非常怖懼。有一天我在村裡一家店舖門外，看見一群人在喧嚷著，聲音非常嘈雜，心裡很是害怕，站在遠遠地張望。原來那個年長的同學的父親，迫他上船去做牽罾漁船的學徒，他怕暈船，又希望多讀點書，他的父親卻不放過他，抓住他，要用繩子勒死他！幸虧有許多人加以勸阻。

魯迅曾寫他年少時在鄉間，有一個玩伴叫潤土，會捕蟬、羅雀、放風箏，叫他非常快樂。隔了二十年，他再回故鄉去，潤土已經老大了，他的兒子承繼他捕蟬、羅雀、放風箏的玩意。魯迅帶去的孩子，也很喜愛那鄉下的朋友，帶給他那幾樣新鮮而有趣的玩意兒。

女人的歸屬，和士子的進身一樣地無常。「侯門一去深如海，從此蕭郎是路人！」「倘有枝條如舊時，也應攀折他人手！」

杜公這首詩繪出幾幅和故舊重逢、契闊、再別的圖畫，讓我們

從許多角度去體驗人生無常的苦味。我們愛過至親、玩伴、國家⋯⋯這些情懷，常被現實所阻礙，無常所抹殺。杜公的結韻：「明日隔山岳，世事兩茫茫」，猶如紅樓夢用「可憐繡戶侯門女，長伴青燈古佛前」兩行作結，令人掩卷太息！

（菲新聞日報副刊）

# 杜甫望嶽詩演義

## 緒　言

　　唐詩三百首把杜甫「望嶽」一詩，選作五言的壓卷，這是有原因的。

　　金聖歎列舉古今的才子書：一，莊、二，騷、三，馬史、四，杜律、五，水滸、六，西廂。

　　依我看來：金聖歎認爲才子必須具有天地間的至情。莊子所說的道理，往往似非而是，往往洩漏宇宙的秘密，當然是一部才子書；屈原的離騷，比潔明玉，爭芬幽蘭，與天地兮比壽，與日月兮齊光，當然是一部才子書；司馬遷爲李陵遭禍，幽於蠶室，受宮刑之痛，身毀不用，憤而著史記，究天人之際，通古今之變，非才子書而何？元代異族入主中原，欲盡屠漢人，以中土爲牧場，明代統治者的酷毒，史無前例，天才橫溢者，多高蹈不仕，潔身自好，嬉笑怒罵，玩世不恭，以戲曲、小說自娛，王實甫、關漢卿，把命世之懷抱，發而抒寫天地間之至情，施耐庵以春秋史筆，揭發『官逼民反』的故事，皆天地間之至文，非才子書而何？

　　至於杜工部這位「乾坤」一腐儒，他的律詩是萬代的宗匠，是誰也無法否認的。

　　讀杜甫的詩要用「剝筍」的方式，毛衣去盡，玉脯自見。茲將杜甫「望嶽」詩作初步的分析：

岱宗夫如何　齊魯青未了

　　　── 時間上的不朽

造化鍾神秀　陰陽割昏曉

　　　── 空間上的不朽

盪胸生層雲　決眥入歸鳥

　　　── 感力的偉大

會當凌絕頂　一覽眾山小

　　　── 境界的壯闊

　　程子說：「不會讀論語的，未讀是此等人，既讀後，仍是此等人！」讀詩也是如此。舊的說法，以為詩僅可以意會，而不可以言傳。那是受禪宗的影響。禪宗所用的是負的方法，以為「第一義不可說。」當他說出「不可說」三個字，便是已經說了！他們是應用這種方法洩漏宇宙的秘密的。嚴滄浪悟出這道理，便提出「不落言筌」的主張，認為「一落言筌，便著跡象。」近代西洋「詩歌底原理」一門學問東傳，談詩便被認為一種專門的學問。藉著哲學的幫助，談詩是落言筌，可是不會著跡象。我現在再把這首詩做例子，介紹給讀者，雖知必遭曲士之笑，然莊子有云：「曲士聞道大笑，不笑不足為道也！」

# 時間上的不朽

　　詩經的雅歌中有：

　　　高山仰止　景行行止　駟牡騑騑　六轡如琴

這是把高山來比儗崇高的品格的。

　　伯牙是個深於琴理的人，可是他的琴心，無人能夠瞭解。好容易遇見了鍾子期，以感覺悟出伯牙鼓琴的秘密。當他聽見伯牙一次的演奏，不禁喊道：

　　巍巍兮若高山

第二次聽見伯牙的演奏又說：

　　洋洋兮若江河

　　「巍巍」「洋洋」，是我們應具的胸襟，但我們生活在塵穢裡，情感時常失去控制，怎樣能有這樣的境界呢？即使有這樣的心懷，也沒有那麼高尚的藝術素養，可以用琴音、畫筆、詩翰來將它表達出來。

　　千古多少解音律的人，多少善彈琴之士，都隨流東逝了，惟有把琴絃拉斷，痛失知音的伯牙，餘韻長存！

　　「智者樂水，仁者樂水」：伯牙的琴心，所以會扣動千載之人的心弦者，就是他的仁且智。

　　有一次我乘著故鄉的帆船出港，半夜裡剛剛睡醒，由船艙上了甲板，向四周張望，朦朧的月色下，許多漁船紛紛駛向大海，是那麼的活潑，那麼的跌宕，叫人看了，心中振奮、喜悅。難怪靠海的人活潑而富冒險性了。

　　一九四八年，我離開廈門，乘飛機「南逾橫嶺入炎洲」（飛機經港轉岷）。當飛越崇丘時，由機上俯瞰，那是多麼的莊嚴呀！但那只是南嶺的一隅而已！如果到了他念他翁、寧靜山，當然是更加壯美了。

　　孔子在曲阜，常常有機會登臨泰山，迎東海朝日，弔西北平疇，使他成為仁且智的聖賢。有一次他從泰山側經過，見一婦人因喪夫而哭泣，詢問之後，才知道她們是避苛政而為虎所虐的。因此他喟然歎息，告訴學生們說：「苛政猛於虎！」

　　有一回他在川上唱道：

　　逝者如斯夫　不舍晝夜

生命之流，滾滾東逝，文化之流，也與之平行。這兩行詩成為千古

詩人智慧的泉源，因爲山海之情，是人生的歸宿。

看到高山，便聯想到崇高的人格，緬懷仁者的襟懷。

到了泰山，自然會仰慕起孔子來的。

杜甫生逢安史之亂，至友中有了一位「天馬行空」的李白，是他所敬重的。他說

> 世人皆欲殺　吾意獨憐才

可是這位「咳唾落九天，隨風生珠玉」的謫仙，是不可方軌的人物，所以彼此雖訂交，過從並不頻繁。「君子之交，其淡如水」，自古已然，李杜當亦不能例外。不過李杜的氣質，的確有所不同。李白說他自己從小就有仙骨。

> 仙人撫我頂　束髮授長生

杜甫從小就有聖人的風範：

> 七歲思即壯　開口詠鳳凰

所以他曾笑李白說：

> 秋來萬事隨飄蓬　未就丹砂愧葛洪
>
> 痛飲狂歌空渡日　飛揚跋扈爲誰雄

杜甫的本質上和孔子最相近：

> 致君堯舜上　再使風俗淳

李林甫的考試騙局叫這位「讀書破萬卷，下筆如有神」的聖賢，沒有走入仕途的機會，更談不上一試牛刀了！這怎麼叫他不潦倒終身呢！

杜公須要朋友，知心的朋友。同時代除李白以外，已找不到第二位，而李白的氣質又和自己不同。只得向千載之上求之：

> 搖落深知宋玉悲　風流儒雅亦吾師
>
> 悵望千秋一灑淚　蕭條異代不同時……

這樣深摯的友情向古人抒發，是亂世的聖者所共有的心情，陶淵明

的：

　　靄靄停雲　濛濛時雨　八表同昏　平陸伊阻

　　靜寄東軒　春醪獨撫　良朋悠邈　修袖延佇

「延」是伸長了頸，像長頸鹿一般，為的是要看：「佇」是「跂」字之借字，即提起腳跟之意，也是要看。要瞻仰悠遠的良朋，隔代的風流人物。

阮籍說：

　　君子在何許　曠世未合并

杜甫想到宋玉，感念到自己身世，怎麼不會「悵望千秋一灑淚」呢！

　　客裡無人共一杯　故園桃李為誰開

　　春潮不管天涯恨　更捲西興暮雨來

　　　　　　　　　—— 范成大浙江小磯春日

范成大這首詩隱隱透露出亡國之痛！家在北地（宋室原建都於汴梁），身在江南，桃李芳菲時節，徒添離恨；春潮暮雨景中，益滋鄉愁。誰可共飲。誰可為懂！

杜甫入蜀，歷覽諸葛亮的遺烈，稱讚他的揮著：

　　萬古雲霄一羽毛

而自稱為

　　乾坤一腐儒

他曾到孔明祠堂的遺跡徘徊過：

　　丞相祠堂何處尋　錦江城上柏森森

　　映階碧草自春色　隔葉黃鸝空好音

　　三顧頻煩天下計　兩朝開濟老臣心

　　出師未捷身先死　長使英雄淚滿襟

他到山東望泰山，使他受到最大的感動：

　　　岱宗夫如何，齊魯青未了。

「岱宗」是「高山」，也是崇高人格的徵象，「齊魯青未了」，也就是「錦江城上柏森森」！「柏森森」比喻諸葛亮的風骨猶存，「青未了」就是說孔子的人格與遺敎，經得起時代的考驗。

　　杜甫自知是「乾坤一腐儒。」早歲有「致君堯舜上，再使風俗淳」的抱負，因李林甫考試的騙局，使他稽留長安十年，一事無成。安史亂後，他「纏綿盜賊際，狼狽江漢行」，又輾轉入四川，依嚴武，使他緬懷梁亡時，羈旅北周的詞臣庾信。這位六朝的大文豪原和其他六朝的文人一樣，雕蟲篆刻，浮薄靡弱。在故國時，與徐陵齊名，徐反領前，人稱「徐庾」，所作乃似「玉臺新詠」那一類，發爲文章，沈鬱蒼涼，感慨旣深，境界亦大。杜甫說：「庾信文章老更成」，又說：

　　　庾信平生最蕭索　暮年詩賦動江關

這是以庾子山自況。杜甫的詩「早學陰何苦用心」。陰鏗，何遜是六朝五言排律的聖手，杜甫苦心追摹，遂奠定其律詩的基礎。「晚節更於詩律細」，這是當然的道理，但決不是再苦心去摹儗人家了！所著的光輝如日月一樣，使人再瞧不到陰何的熠火了！他像庾信一樣的「老更成」，「動江關」。他自知是「不朽」的了，但這「不朽」是詩國之盛事，他老人家依舊是很不幸的，所以他說：

　　　千秋萬歲名　寂寞身後事

　　孔明的「鞠躬盡瘁，死而後己」是杜甫所欽遲的，因爲他是一位以國家爲己任的人。孔明支撐那危急存亡重任的精神，正是安史之亂時代所需要的。所以他憑弔孔明古跡時，以「柏森森」來況喩孔明的人格。

　　　孔明祠前有古柏，黛色蒼蒼二千尺。

這樣象徵性的寫法是深刻有力的。他的夢李白詩有云：

　　　　魂來楓林青，魂去關塞黑。

李白距今千餘年，但他的影響力使詩國繼續青翠著。如果詩國沒有李白，那不是要「關塞黑」了嗎？

　　杜甫有孔明經世濟民之才，鞠躬盡瘁之志，但卻如前人所說的「惜哉時不遇，偏與飆風會」，使他和李白同樣的潦倒，甚至比李白更加落魄。但他知道自己是不朽的了。

　　杜甫到了泰山，想像孔子的「千秋萬歲名」，的「寂寞身後事」，受了非常大的感動，唱著說：

　　　　岱宗夫如何，齊魯青末了。

偉大的生命是不受時間限制的，歷史的浪濤無法把他淘去的。蘇格勒底，亞里斯多德不是今天還活著嗎？

## 空間上的不朽

　　國策有云：「千里而一士、若比肩而立焉；百世而一聖，若隨踵而至焉。」這是說，千里大，只要有一位領導人物，就可以叫那個社會走在軌道上了。每一千里有一個領導人物，這廣大的空間，便不會感到寂寞了。王粲在登樓賦的末段有云：

　　　　原野闃其無人兮征夫行之未息。

這是以「征夫」自況，大有「日暮途遠，人間何世」的悽厲氣象。一個征夫在「白日忽其將匿」的時候，「棲遲徙倚」著，而原野上沒有看見人影，這是何等的滋味呀！」

　　所以戰國策說：千里之大只要有一個領導人物，那社會便不至有寂寞無人的感覺。

　　孔子生在春秋季世，戰國初年，距今二千五百載，影響力依然存在。中國今天不是恨孔家店不倒閉，而是恨沒有新孔子可以負起時代的任務，到底誰是「隨踵而至」的新聖呢？

「百世一聖」，是說明聖賢的人格對時間的支配力，「千里一士」是說明才人的本領對空間的維繫力。

### 造化鍾神秀，陰陽割昏曉。

這兩行按字面解釋：泰山乃造化偶然間造作出來的一件神秀的藝術品，好像畫家或雕刻家技術到了爐火純青的時候，有一天若有所遇，靈感突來，創出一件偉大的藝術品來一般。這座泰山是看日出日落的好地方，早晨向東海張望，可以看到紅日一輪由海平面的外圈榮耀地上騰，威光萬里，海天盡著紅衣，給人間帶來了無限的光明與希望，黃昏之前，向西面平原一望，可以看到這輪紅日沒入地平線去，好像埋在草裡（據董作賓說：「莫」字乃中國人在河南平原上造出來的字，因為那裡看不見山，所以沒有『日薄西山』的印象，只看見太陽沒入叢草之中，遂造此日莫的『莫』字），使西邊滿天彩霞，大地黯淡，引起『歸宿』的渴念。

是的，泰山的確是美麗的勝境，也是陰陽的分界，但這尤足以況喻孔子的人格—— 他是人倫極則，是造化匠心獨運，製造出來的標誌（Figure），使他負起特別的使命，所以他是昏曉的分界。當他未出之前，人倫國度裡是灰黑的天，恐怖的海，當他一出，曙色頓開，人倫的國度投進了希望與光明，當他去了的時候，宇宙立刻失態，陷入陰晦的懷抱中。

史可法在揚州抗清失敗時死節，他的骸骨找不到了，他的義子史德威將他的衣冠葬在梅花嶺上。全謝山說：有許多抗清的民族英雄，起義時總假託史公之名義，因為當時的傳說是史公還活在人間，並且從事領導抗清的工作。中華民族二度淪入異族之手，人民渴望收復河山，所以希冀史公真沒有死，可以負起光復舊業的重任，又因為太愛他的緣故，乃造出許多怪誕之談，說他沒有死在亂兵之手，而是化作神仙。其實史公自有聖賢的忠義之氣，凜烈存於

萬古，何必出世入世之面目？即他的骸骨沒有葬在梅花嶺上，也不是重要的事。

是的，全謝山先生的說法對了，但他只注意到時間上的不朽，當時民間抗清的運動卻需另一種的力量加以策動——偉大的史公還活著，而且是跟他們站在同一條戰線上，因此他們能夠勇往直前。感覺史公的同在，這便是空間上的不朽。

杜甫到了泰山，好像親眼看見了孔子的地理背景，便說：他是造化神秀的藝術品，是光明和黑暗的分界。朝著他，有光明，背著他，有昏黑。

## 感力的偉大

唐人小說中的「虯髯客」，描寫一位虯髯客原有帝王之志，欲代楊廣爲天子。但他曾耳聞太原唐公之子李世民之名，未知他是否具龍鳳之姿，特地走幾千里的路，要去認識認識。途遇李靖與紅拂，便聯袂同行。抵達太原時，在一次雅集中，群賢畢至，俊秀咸集。李世民遲到：「不衫不履，裼裘而來」，目光如炬，不可逼視。虯髯客見了，「神喪氣沮，退居末座。」

小說家意匠心營地描繪出一位「真命天子」的儀宇，千載之後，其情狀猶在目前。是的，李世民如果沒有那樣的氣度，怎樣征服群雄，展開新運呢？

聖經記載施洗約翰的兩個學生來跟隨耶穌基督！基督問：

「你們要什麼？」

「拉比（夫子）！在那裡住？」兩個門徒回答。

「你們來看！」耶穌說。

他們就去看他的住處。這一天便與他們同住。

第二天這兩位門徒便向他們的兄弟朋友們說：「我們遇見彌賽

亞（救世主）了！」

　　基督的家是木匠之家，兩個追求真理極殷切的青年人，和他住了一夜，竟信他是彌賽亞，可見基督人格感召力的偉大了！

　　　　**盪胸生層雲，決眥入歸鳥。**

這兩行的句法是向陰鏗，何遜那裡學來的。這兩位六朝五言排律的聖手，造句練字的工夫是上乘的，但境界還未臻廣大，寓意也欠深沉。陰鏗的「鶯嶺」：

　　　　**鶯嶺春光遍，平城野望通**

　　　　**鶯隨入戶樹，花逐下山風。**

　　　　**帳裡浮雲合，窗外落暉紅……**

也一樣是寫山景，也一樣有好句，可是沒有杜甫這兩行境界的大，寓意的深，稍知文義的人讀了，都會明白。何遜一首送客的詩：

　　　　**依然臨釣渚，悵望倚河津。**

　　　　**鼓聲隨聽絕，帆勢與雲鄰。**

　　　　**泊處空餘鳥，離亭已散人……**

也一樣描寫戀念的情緒，但不及杜甫那永垣渴念的閎肆有力。杜甫在這裡已明白顯示他的青出於藍了！

　　到了泰山，看見那雲海，胸臆中的污濁之氣自然消散。陳三立有「明滅煙嵐帶夢浮」句，很能寫出那種氣象與境界。置身此地此境，塵慮俗氣，全都拋到九霄雲外去了。

　　孔子曾自己儆惕地說：我許久未曾夢見周公了！夢見周公，是和澄清污濁的社會秩序有關的。杜甫夢見諸葛亮、宋玉，對同時代的人，他夢見李白。夢蜀相是想見他的「兩朝開濟老臣心」，夢宋玉是想見他的「風流儒雅」，夢李白是想見他的「渭北春天樹，江東日暮雲」。這些人都和他自己不類，和自己相似的是庾信，是個「暮年詩賦動江關」的文豪。然而杜甫比庾信偉大得多，他從小就

有聖人的抱負，只是沒有一展襟懷的機會，正和孔子一樣。孔子夢見周公，杜甫在這「明滅煙嵐」的夢境中想見了孔子，也有孔子「不復夢見周公久矣」的心情，覺得孔子的一呼一吸，都可以使自己的俗慮潛消，使自己的精神振奮。

陶淵明也曾想到孔子，但他所注意的是：

　　　　先師有遺訓　　憂道不憂貧
　　　　少無適俗韻　　性本愛丘山　　誤落塵網中　　忽忽三十年
　　　　道喪向千載　　人人惜其情

這豈是杜甫的胸懷呢！

　　陶潛有了歸宿，心安理得：

　　　　泛覽周王傳　　流觀山海圖　　俯仰終宇宙　　不樂復何如

杜甫渴望的是：

　　　　江漢思歸客　　乾坤一腐儒　　片雲天共遠　　永夜月同孤
　　　　落日心猶壯　　秋風病欲蘇　　古來存老馬　　何必取長途

這首詩說明他是「思歸客」，「片雲天共遠，永夜月同孤」，和陶潛的

　　　　雲無心於出岫　　鳥倦飛而知還

的意境，迥然有異。陶潛是「倦飛知還」的鳥，「無心出岫」的雲，杜甫卻是飄在空闊無際的天上的雲，和孤懸虛清中的月，怎麼可以同日而語呢？陶潛是

　　　　景翳翳以將入　　撫孤松而盤桓

何等的悠閒，何等的自在！杜甫卻還有「落日心猶壯」的心志，還想以識途的老馬來領「管仲的師旅出沙漠」呢！

　　杜甫心境的不得其平就在這裡，但他也要從這條路線得到他的歸宿。

陶潛的「歸鳥」云：

翼翼歸鳥　晨去於林　遠之八表　近憩雲岑
和風弗洽　翻翮求心　顧儔相鳴　景庇清陰


翼翼歸鳥　載翔載飛　雖不懷遊　見林情依
遇雲頡頏　相鳴而歸　道路誠悠　性愛無遺


翼翼歸鳥　相林徘徊　豈思天路　欣及舊棲
雖無昔侶　眾聲每諧　日夕氣清　悠然其懷


翼翼歸鳥　戢羽寒條　遊不曠林　宿則森標
晨風清興　好音時交　繒繳奚施　已倦安勞

這寫出「羈鳥戀舊林，池魚思故淵」的心境，是出世而超世的。

　　杜甫的人生態度和陶潛不同，是入世而能超世，但他一樣憧憬
著「歸鳥」。

　　杜甫來仰止泰山，緬懷孔子人格感召力的偉力，不禁要喟然歎
道：「噫！微斯人，吾誰與歸！」

　　「歸鳥」要投宿在泰山上，使他看得連眼皮都裂開：

　　「決眥入歸鳥」

他羨慕鳥兒的得其所，他更加的景仰孔子。鳥兒投入泰山的叢穴，
他想效法牠們，投入孔子的懷抱裡，因為這裡是他的歸宿處。

## 境界的壯闊

　　「見賢思齊」，這是有志者的想法。杜甫雖然景慕孔子，想效
法歸鳥，棲息泰山的叢穴一樣地投入孔子的懷抱，但他又想和孔子
比肩。

　　杜甫學陰鏗，何遜的律句，不但不為所宥，反駕凌其上，身世

和庾子山相恍惚，成就卻遠比庾子山來得大。現在來到泰山，想到孔子的人格，孔子的偉業，欽佩得五體投地。反觀自己，覺得自己並不渺小。他稱讚諸葛亮的「萬古雲霄一羽毛」，稱讚宋玉的「風流儒雅」，稱讚庾信的「暮年詩賦動江關」，但他也自命為「乾坤腐儒」。古往今來的詩人，沒有一位有李白杜甫的氣魄，李白的

　　　咳唾落九天　　隨風生珠玉

杜甫振筆起來，也令

　　　乾坤日夜浮

原來他們生在盛唐，自隋文帝統一中國以來，至天寶十四年，這個東方龐大的帝國，在吸收外族的血液四百年之後，不但民族年青起來，而且國運也磅礴浩沛，一百六十年的富強康樂，中西史乘，找不到第二個例子，所以能夠產生這樣偉大，這樣魄力的詩人，可說是前無古人，後無來者，古今多少詩家、墨客和騷人、雅士，他們像燈火的光輝，都被李杜的強度太陽光所掩盡了，怪不得韓愈說：

　　　李杜文章在　　光焰萬丈長

　「登東山而小魯，登泰山而小天下，」這是孔子的經驗。後人也說：

　　　六經讀罷方拈筆　　五嶽歸來不看山

是的，情場的「老鬥士」

　　　曾經滄海難為水　　除卻巫山不是雲

　杜甫俯仰古今，覺得只有孔子是他的同路人，是他所嚮慕的，但他和前人對

　　　高山仰止　　景行行止

的看法不同。他覺得孔子是聖賢，是值得做楷範的，是人倫的極則，但他又覺得自可以到達孔子那樣的地步。項羽看見秦始皇坐車從他面前經過，是那麼的莊嚴榮美，卻想和他比肩，所以說：「彼

可取而代之。」劉邦也看見秦始皇的光燄，也想和他一樣，說：「大丈夫當如是也！」這兩個流氓，有這樣的野心，難怪都成爲帝王。但這是野心家，是「吃肉的動物」。杜甫不是功利主義者，不是多慾的人，而是一位聖賢。他想望孔子的偉大，心中很是欽佩，但他不說

　　　　雖不能至　心嚮往之

而是

　　　　會當凌絕頂　一覽衆山小

孔子是倫理世界的宗師，杜甫是詩歌宇宙的聖人！

—— 發表於新聞副刊，菲華文聯季刊，台灣 "文壇"<br>"文藝橋"、"菲華選集"（一九五七年六月）

　　儒家是以人爲中心。其實人是不完全的，孔子自己說：「若聖與仁，則予豈敢！」崇拜人格是錯的，政治家搞個人崇拜，爲禍無窮！

八、廿三、八八，校後追記

# 杜甫登岳陽樓詩演義

## 一、引 言

昔聞洞庭水　今上岳陽樓
　　── 對盛世變亂離的感受

吳楚東南坼　乾坤日夜浮
　　── 對分崩與動盪的感受

親朋無一字　老病有孤舟
　　── 對羈旅無儔匹的感受

戎馬關西北　臨軒涕泗流
　　── 對關河伏戎機的感受

　　費海璣先生舉出杜詩學阮籍的一些例子，來貶工部，認爲杜甫不應得那麼高的評價。楊柳先生認爲杜公飮譽之隆，是元稹造成的。其實學習先賢的矩度是未可厚非的。杜公不止學習阮籍，也學習陰鏗、何遜：「早學陰何苦用心」，「好似何遜在揚州」。他入三峽之後，也學習庾子山：「……羯胡事主眞無奈，詞客哀時竟未還！庾信平生最蕭索，暮年詩賦動江關」。他入三峽之前且學宋玉：「搖落深知宋玉悲，風流儒雅亦吾師」。但杜公的突出處是他能靑山於藍。

　　原來對孔子、杜公之流，亂加褒貶，是無聊的事，何況這樣的態度，促使一些淺人去效尤，那就罪孽深重了！

　　前年在菲閱讀台中央日報副刊，載有某君一篇指出岑嘉州的「波撼岳陽城」一行很「壯」，是杜公所不可企及的！又指出杜詩的兩個缺點：「吳楚東南坼，乾坤日夜浮」兩行，相當的「壯」，突承接了「親朋無一字，老病有孤舟」，這兩行太弱了，配不上來，此其一。「戎馬關西北」，意思是關西北有戰爭。這場戰事是不是很重要，爲什麼杜甫要痛哭流淚？這樣矯柔造作，對嗎？此其二。

　　這篇文章讀了，叫我心中很是不安，曾寫一篇文章加以辯解。不久，中央日報副刊也登一篇文章，糾正這個強作解人的說法，杜公憂國憂民的詩篇，竟被誤會爲無病呻吟的蕪詞！

　　白刃先生重遊菲島時，新潮社舉行文藝座談會，請他主講，也提到杜公這首詩。

　　我現在把這首詩總說一篇，以幫助一些青年朋友。

## 二、對盛世變亂離的感受

　　「昔聞洞庭水」的「昔」，是指「開元太平日」。「洞庭水」是「盜賊藪」，正像施耐庵寫盜賊的故事，書名：「水滸傳」一樣。「水滸」就是「梁山泊」。與「洞庭水」、「潢池」同義。在太平盛世時「聞」有「洞庭水」，像「耳邊風」一般，好比廢名先生的名句「理髮匠的胰子泡，與宇宙不相干」類似！可是「今上岳陽樓」，那滋味就迥然不同了。本來是「風聞」，現在是親歷其境了！這寫法正像岑嘉州的「胡天八月即飛雪。忽如一夜春風來，千樹萬樹梨花開」，那樣的反襯法，眞是劇烈而生動。

　　以前在長安的歌館樓臺聽過亂雜的故事，在王公貴人的府第，筵宴中談些盜賊的奇聞，是一種消遣，今天竟置身潢池之中，怎不百感交集！杜公在「纏綿盜賊際，狼狽江漢行」時，寫出這兩行，是說明他對盛世轉入衰亂的感受。

　　李杜所以比盛唐的前輩境界更大，感慨更深的，就是因爲有安史之亂的經歷。杜公置身洞庭湖上，才能明白屈原的被放。他的夢李白有：「江南瘴癘地，逐客無消息」的掛念，「將老身反累」的悲歎。這時對宋玉的受謗，對宋玉所見的異象（VISION），才有眞確的認識：「雲雨荒臺豈夢思」。因此他自信在文學上會有更好的收穫，曾以庾子山自況：「庾信文章老更成，凌雲健筆意縱橫」。是的：他那些偉大的詩篇：「垂老別」、「石濠吏」……都是亂離中的圖畫，是阮籍、陰鏗、何遜等所未曾描繪的，後世白居易曾經取法，筆力不逮，李義山則不能仿效，因爲沒有這種經歷，即使仿效、深度，廣度、密度，也會有所不同。

## 三、對分崩與動盪的感受

　　中國的員幅和歐州一樣大，歐州分爲許多國家，中國自有史以來，即以一個政權爲正，分崩離析爲亂，撥亂反正是政治家的任務。春秋時代，王綱解紐，國異政，家殊俗，呈現亂象。管仲起來，倡「尊王攘夷」的主張，「九合諸候，一匡天下」，雖不能規復周公的德業，克紹成康的富庶，猶能維持國際的秩序，社會的紀律，而促使文化發皇。孔子講王道，雖然不滿管仲行霸道，但對他的「不以兵車」，而有如許之表現，也不得不稱讚他的「仁」。

　　孔子的政治思想著於春秋，公羊學派講三世：據亂世、昇平世、太平世。雖然歷史上循環不息的是亂世、昇平，從來沒有出現過太平世，但孔子的目標卻是太平世—— 大同。公羊傳著重大一統之義，就是這個原因。

　　孔子的大同思想因孟子而大暢，孔子的小康思想由荀子而流傳。荀子的學生是李斯與韓非。韓非的政治思想極爲秦始皇所欽遲，服膺其說，且加以運用。李斯是秦始皇的丞相。併吞六國之

後，造成大一統的局面，所施庶政，統一文字、車軌、度、量、衡、促使中國的富強，可惜燔百家之書、以愚黔首，收天下之兵，以爲金人十二……不以人民爲本，但以獨夫爲主，所以只見小康，未進大同。

隋唐與秦漢一樣地具有大一統的局面。貞觀、開元間的富庶、繁榮，爲秦漢所不可企及。可是它和秦漢時代一樣地以獨夫爲主，人民爲臣妾。國家建軍，主要是保護統治者及其有關係的一小撮，而不以保護人民爲職責。可是掌握軍權的武人常常擁兵自重，進而窺竊神器。春秋、戰國的強宗，魏晉南北朝的軍閥，都是表演篡奪的主角。

唐代的安史之亂，即藩鎭割據的開端，這亂像終使唐室覆亡。杜甫於避禍至洞庭湖時，放眼遠眺吳楚的廣大地區，看到那些掌握兵權的軍閥，那樣的驕橫跋扈。知道天下分崩離析，藩鎭割據，是國家社會的致命傷。所以他說：「吳楚東南坼，乾坤日夜浮」。

## 四、對羈旅無儔匹的感受

在天下分崩離析之際，社會動盪不安之時。抱病的詩人，乘著孤舟。接不到親朋的音訊。此境此情，比「風雨如晦，雞鳴不已」的景象更深邃，更悽厲。

詩經裡的「風雨如晦，雞鳴不已，旣見君子，云胡不喜！」是描寫一個懷春的女孩子。在風雨如晦的衰颯景像中，雞鳴不已的時候，心中非常鬱悶。突然瞥見她所愛的人來了，叫她的心花頓時怒放起來。

曹操在感受人生的短促與痛苦之時。渴慕這樣的慰藉，他引詩經的句子：

　　呦呦鹿鳴　食野之苹　我有嘉賓　鼓瑟吹笙

　　希臘一位哲學家白天手提著燈走路。人家問他爲什麼在光天化日之下提著燈? 他說:「你覺得這是光天化日之下嗎? 我卻覺得四圍很黑暗!」人家又問他:「你到處走,要做什麼?」他答:「我要找找看有一個好人沒有。」在「風雨如晦」之中,「雞鳴不已」之時,突然瞥見了「君子」── 完全的人 (Perfect One),怎麼會不喜歡呢!

　　戀愛中的男女。總把他(她)所愛的人,看做世界上最完美的人。離亂時,哲人所追求的也就是一個完美的模範。

　　阮籍生在司馬氏父子公孫獨裁的淫威之下,才識之士。沒有一個人得保首領的。嵇康沒有做官,但因爲他是一條臥龍,統治者在黑名單上面,點到嵇康的名字時,幫兇的說:「只恐臥龍不起耳」! 嵇康終於要彈廣陵散一曲而受戮。廣陵散一曲,再沒有人會彈了,成爲絕響了!

　　阮籍渴慕君子,歎息道:「君子在何許,曠世未合併」! 阮籍渴慕美人,果然有兩位美人。一個已經嫁給市井小人。阮籍天天造訪這位當爐美人,甚至在她身旁睡覺,醒了就走。另一位美人是兵家之女,未嫁而死。阮籍和她素不相識,卻帶著鮮花,到她墓上痛哭,盡哀而還。

　　阮籍痛惜他在世界上過的生活是羈旅的生活:「羈旅無儔匹,俯仰懷哀傷」! 因爲他放眼四周,看不見人:

獨坐空堂上　誰可與歡者　出門臨永路　不見行車馬

登高望九州　悠悠分曠野　孤鳥西北飛　離獸東南下

日暮思親友　晤言用自寫

　　陶潛在晉宋易代之際,有用之人恆遇殺身滅族之禍。他的「停雲」一首,寫出「風雨如晦,雞鳴不已」之至意:

靄靄停雲　濛濛時雨　八表同昏　平陸伊阻

靜居東軒　春醪獨撫　良朋悠邈　修袖延佇

杜公在洞庭湖時的感受。比阮、陶二公更加沉重。更加痛楚，絕不能像阮籍用玩世的作風來排遣，或像陶潛藉濁酒來澆愁：「親朋無一字，老病有孤舟」，這不是寓言，而是現實，不是想像，而是身歷。韋應物的「春潮送雨晚來急。野渡無人舟自橫」，是無我之境，「親朋無一字，老病有孤舟」，是有我之境。這和前面的「昔聞」與「今上」的分別一樣，阮公、陶公的詩歌是「昔聞」，杜公的經歷是「今上」。費海璣先生等可以說：阮公、陶公造境比較富詩意，杜公沒有他們那樣空靈。這好像鄉下老聽說書。問說書先生說：關公和薛仁貴比較，那一個武藝高強？

## 五、對關河伏戎機的感受

魯仲連在邯鄲危城之中，還不躲開。而仍有義不帝秦的勇氣，千古傳為美談。四郊多壘，意味著一場劇烈兇險的戰爭即將來臨。在抗戰中，過著流離逃難的生活，才明白前人的詩：「國弱方知人命賤，兵兇更念霸才多」的至意。

杜公的「花近高樓傷客心，萬方多難此登臨」。如果我沒有在抗戰中有轉徙的經驗，就會認為這是無病的呻吟，親身有了感受，才會了悟杜公的心境。正如杜公，在「纏綿盜賊際，狼狽江漢行」之後，才會寫出：

搖落深知宋玉悲　風流儒雅亦吾師

的句子來。到了這時才更想念良朋，才更渴慕至親，才會追求千古之上的聖賢的典範。烈士的高風，是「深知」，不是泛泛之交。

到了這時，才會珍惜強有力政府的重要，仁聖卓識領袖的可敬。

「聞鼓鼙思將帥」。在「戎馬關西北」之際，當然會珍重李泌、

郭子儀這些命世之才的，會歌頌張睢陽、顏常山的英烈的：「安危須仗出群才」。

看到「田園寥落干戈後，骨肉流離道路中」的圖畫，當然會顧念到蒼生、赤子的不幸遭遇的。不要提前代的事，單看民國以來及解放之後，中國人民為革命為抗戰所付出的代價，是多麼的大！

人民是無辜的，為國家的覆亡而遭遇「揚州十日」，「嘉定三度洗城」。「南京大屠殺」，……。

杜公在處身危難之中，想念到國家，想念到人民，不禁「臨軒涕泗流」。他抗議兇險的戰爭，聽到磨刀聲，心緒就紊亂起來：「磨刀嗚咽水，水赤刃傷手，欲輕斷腸聲，心緒亂已久」！他反對殘殺：「苟能制侵陵，豈在多殺傷」！他的兵車行，為戍邊的兵士發出歎息。垂老別，新婚別，石壕吏……都是亂離中，孤苦無援者血淚生涯的寫照。這種厭亂、愛國、愛民的正義感，和魯仲連義不帝秦的襟懷一樣的偉大。

文天祥遭陽九之厄，在獄中讀杜詩，說：「我要說的話，杜公早替我說了！」就不再做詩，集杜公的句子，綴成兩百多首的詩。他在正氣歌的結韻說：「風簷展書讀，古道照顏色！」是的，杜公愛國、愛民的詩篇，讀了讓文天祥增加殉國的勇氣。

（菲世界日報）

# 李義山錦瑟詩演義

## 一

我的大哥（故王新民教授，筆名王斥役）負笈燕京時（一九三二），曾選修李義山詩，教授是張東蓀教授的令兄。張孟劬先生。大哥執教尋源時（一九三四），我寄宿在他家中。

關於錦瑟一詩，大哥說：歷代箋註家、詩論家，都不敢強作解人，有猜作戀愛詩的。有猜作結婚詩的，有說是悼亡詩的，有說是自叙詩的，莫衷一是。

我就在那時開始接觸十八家詩鈔中的李義山七律，尤其是無題詩。大哥說：吳梅村的風華，是受李義山影響的。因此我也念些吳梅村的名作。

我於一九四七年贈廈門私立毓德女中高中應屆畢業生的一律，即依錦瑟詩元韻：

> 衷曲欲彈扣鋼絃　緩歌漫舞樂華年
> 水高水落勞鷗鳥　春瘦春肥付杜鵑
> 千載胭脂歸漲膩　百園異卉化塵煙
> 綠毫莫寫紅花艷　轉眼綠穠便黯然

一九五七年題張紐詩女士牡丹詩畫冊五絕，即以李義山、吳梅村的作風寫成的：

> ㈠絲蘿相坿竟仳離　寄意穠花十萬枝

　　寫出中千眞色相　炎荒縛綠見芳時

㈡屈隨庸德意難安　不賦斷腸不憑欄

　　蕙質紈心誰與耦　碧城落寞老詞壇

㈢鰈鰈鰜鰜固足歡　冤家偕老古來難

　　情魔斬卻孽緣了　不愛鬚眉愛牡丹

㈣學禮彈琴更習詩　溫恭未許賦齊眉

　　鉛華讓與花王御　留得羅敷未嫁姿

㈤俗薄朱顏妒好修　美人君子共離憂

　　南來狂顧行吟日　不覺滋蘭遍炎洲

　　（按張紐詩女士，年靑時嫁與名門之子。甫一月即賦仳離，乃發心繪畫牡丹，有詩、畫俱佳之譽。時赴菲舉行展覽）

　　錦瑟一詩，近年海內外還有許多人討論著。從台灣的文藝刊物中我讀過四篇，其中的一篇是陳定山先生的，他說：這首詩是李氏暗戀其小姨子的詩。「中央日報」副刊有兩篇試釋，其中有一篇是根據海內錢鍾書先生的說法，釋作自叙詩的。可惜我忘記作者的大名。另一篇載在「文壇」，說是結婚詩。

　　海內吳調公先生、柳文英先生、楊柳先生等，均有闡說，吳先生說它是愛情詩，柳、楊均說它是李氏自叙詩。吳氏注意李詩的風格（藝林叢錄第四篇）及愛情描寫（第七篇），對錦瑟詩只輕輕抹過，柳氏的發微（同上第六篇）也語焉不詳，只楊柳先生在他的李商隱評傳有較詳細的解說（李商隱評傳二八七至二八八）。

二

　　我早就認定錦瑟一詩，是李義山的自叙詩。宋刊義山詩集，把它置於篇首，可說是李氏的詩序，也是他一生際遇的自叙。和這首詩味兒很相同的是：他在崇讓宅寫的另一律：

露如微霰下前池　風過迴塘萬竹悲

浮世本來多聚散　紅蕖何事也離披

悠揚歸夢唯燈見　濩落生涯獨酒知

吟到白頭長只爾　嵩陽松雪與心期

不同的是：這一首辭旨顯豁，毫無含蓄。

　　我寫了一首五律來詮釋錦瑟：

詩人是錦瑟　五十作天年　綺夢生春曉　醒時化杜鵑

明珠遺碧海　帝眷炎藍田　反覆平生事　無題欲破禪

我以為這首詩的確不是戀愛詩，像陳定山先生所說的。正如義山自己所說的：「為芳草以怨王孫，借美人以喻君子」。「南國妖姬，蒙臺妙妓，雖有涉於篇章，實不接於風流」。我們如本著良知去理解這首詩，絕沒有理由把李義山視為「詭薄無行」的文人。這首詩也不是結婚詩或悼亡詩。事實上這首詩是作者站在旁觀者的地位，把他一生的「前塵」，加以欣賞的結論，頭腦相當冷靜，情緒也很穩定。於作進一步的排比，就更加明晰了：

錦瑟無端五十絃　一絃一柱思華年

　　　—— 詩人自知享年不永

莊生曉夢迷蝴蝶　望帝春心託杜鵑

　　　—— 醉同其樂醒述以文

滄海月明珠有淚　藍田日暖玉生煙

　　　—— 權臣無方帝恩難恃

此情可待憑追憶　只是當時已惘然

　　　—— 反覆平生原來如是

　　全詩八行，可分作四段：第一行與第二行，只講一件事。第三行、第四行，各講一件事，但脈胳相通。第五行，第六行，也各講一件事，卻彼此呼應。第七行與第八行，又只合講一件事。

這首詩遣詞的工整，聲調的和諧，寄情的悠逸，用典的渾化，立意的幽邃，落筆的高雅，造境的優美，不但是玉谿生集中他詩無法比儗，即盛唐諸大作手的名篇，也難以制勝。看來它是經過小心推敲才寫成的，卻天衣無縫，不著斧鑿痕跡。由這角度去欣賞，益信它是義山刻意撰出，好作其詩集的壓卷者。

## 三、詩人自知享年不永

「錦瑟無端五十絃，一絃一柱思華年」。錦瑟象徵詩人，五十絃象徵五十年。

錦瑟能發生美妙的音樂來，詩人能吟出優越的詩歌來。錦瑟有五十絃的，有二十五絃的。這裡所說的是五十絃的，而且指明一絃一柱就是一華年。換句話說，錦瑟以五十絃爲限，詩人的天年以五十年爲度。

普通的說法：人生以一百年爲度：「鼎鼎百年內，恃此欲何成？」「三萬六千日，夜夜當秉燭。」「生年不滿百，常懷千歲憂。」「同一盡於百年兮，何歡寡而愁殷？」

以色列的民族英雄摩西說：「我們一生的年日是七十歲，若是強壯，可到八十歲，但其中所矜誇的，不過是勞苦愁煩，轉眼成空，我們便如飛而去！」（舊約詩篇九十：十）他把人生的年限，縮少至八十年。

杜工部說：「酒債但從行處有，人生七十古來稀。」他認爲人生的年日，只有七十歲。

這些斷案都是講價值的，屬於人生哲學的範疇。

陳子昂的名句：「前不見古人，後不見來者。」沒有說出人生的限度是多少年，而是看不見已死的古人，也看不到未生的來者。這說法最圓通，用在彭祖固對，用在殤子也通，用在孔子很準確，用

在阿 Q 也不會錯。這是理則學所謂消極斷案，是屬於形而上學範疇的。

李義山有才具，有理想，有正氣，閱盡滄桑，官不掛朝籍，毫無所有，身且罹疾，自分來日無多，故以五十絃的錦瑟自況。——這是兩行詩讖。

有一部電影的故事和曾得諾貝爾文學獎的名著「老人與海」很相近，描寫一個船員，一生到處飄泊，一事無成。當他暮年之際，還在某地的一家酒吧裡，和人家勾手角力。

這個船員始終是惘然的，李義山最後卻是覺醒的。那個水手不知老之將至，李義山連自己的大限也了然於哀。

這兩行詩讖是一時心血來潮浮現起來的，是詩人心靈所領受的預感，詩人自己也說不出是從那裡來的，所以用「無端」兩個字來描繪它。其實詩人是靈睿善感的，要眇宜修的：「心有靈犀一點通」。具有這樣的本質，所以是詩人。許多靈感，由詩人用熟練的手法塑造出許多絢爛的詩篇，扣人心絃的佳句。但這些靈感是由甚麼東西激發的，親因緣是甚麼，詩人卻說不出來，所以是「無端」。

## 四、醉同其樂醒述以文

「莊生曉夢迷蝴蝶，望帝春心託杜鵑」兩行各用一件事，說明詩人之所以為詩人。

「莊生」與「望帝」，都是指詩人自己。

「曉」是指年青時代。

「夢」是指理想。

「蝴蝶」是所迷戀的對象。

「迷」是處於局中的精神狀態。

莊周夢為蝴蝶，是指奧祕的心靈，不受自然律的拘束，自由自

在，入於悠然恍惚的物化境界，富哲學意味的美。李義山把它說成
曉夢—— 年青時代的理想，年青時代的綺夢，富文學意味的美。

　　依佛洛伊特（Freud）心理學的說法，有唯樂原則（Principle of
Pleasure）與唯實原則（Principle of Reality）。我們的潛意識唯樂是
求，以滿足我們的慾望為鵠的，受溺愛的孩子，哭著向母親索取天
上的月亮，好讓他玩個痛快，然而現實的規律不讓你這樣做。我們
生活在現實的規律下，絕難依照我們的慾望而胡作非為，而我們的
潛意識卻要肆意而行，所以我們的意識依循唯實原則產生糾察作
用，去抑制潛意識，使它不得逸出軌外。

　　西遊記所描繪的孫行者，就是代表我們的潛意識，依牠的意向
去行事，就會鬧天宮，亂地府。用緊箍咒去制裁牠，就是理智的糾
察作用。

　　莊生的夢是潛意識所產生的，是純粹的潛意識作用，沒有遭遇
任何糾察力牽制的。年青人還沒有進入現實社會去嘗試甘苦的滋味
時，他的夢境都是綺麗而絢爛的，是合乎唯樂原則的，是離開現實
很遠的，大多數是無法實現的，所以說是「迷」。

　　義山年青時代有許多抱負，有許多理想，有許多渴念。有些他
認為可以輕易取得，可是走入人生舞臺時，卻事與願違，有些他以
為那滋味是甜的，嘗了之後，卻是苦的。「久有相如渴」，「無由得
再窺」，「良辰未必有佳期」，「閶闔門多夢自迷」，這一類句子，充
斥在他的集子裡。

　　他青年時代的綺夢，主要有兩類，1、愛情的綺夢，2、事業的
美夢。醒時便把它們織成側艷纏綿的詩篇。「莊生」是現實境界的
李義山，「蝴蝶」是綺夢境界的李義山，「望帝」是「醉能同其樂」
的李義山，「杜鵑」是「醒能述以文」的李義山。「春心」是現實境
界的李義山的人生渴念，和政治抱負，但因沒有達致與發揮，再經

過「昇華作用」而「託」出來的，就是詩歌了。

義山年青時代，替自己的前途，織了許多如錦的幻想，可是總沒有變成事實，受了挫折之後，總是把他的渴念、抱負、理想、慾望，透過昇華作用，藉杜鵑的泣血，把這些傾吐出來。

杜鵑的泣血，是藝術性的，屬於美學的範疇。詩人把迷夢中的自己，現實中的自己，用錄影帶記錄下來，再把它們映照在螢幕上，加以欣賞，然後加以說明與讚歎。這些說明與讚歎，是站在旁觀者的地位作的，清醒時作的，所以成為藝術品。

歐陽修在醉翁亭記的末段，曾有如此的話：「樹林蔭翳，鳴聲上下，遊人去而禽鳥樂也。然而禽鳥知山林之樂，而不知人之樂。人知從太守遊而樂，而不知太守之樂其樂也。醉能同其樂，醒能述以文者，太守也。」藝術家有這樣的工夫，才能夠成為藝術家，詩人有這樣的覺解，才能成為詩人。禽鳥之樂和人不同，因為禽鳥的覺解低。庸人之樂和詩人不同，因為庸人的覺解比不上詩人。詩人之樂和庸人不同，不但覺解高超，而且會透過昇華作用，把所感受的描繪出來。

## 五、權臣無帝恩難恃

「滄海月明珠有淚，藍田日暖玉生煙」，寫出兩幅圖畫：

一，放眼大海上，「長煙一空，浩月千里，浮光耀金，靜影沉璧」，這樣的景象，正像美人的一顆大眼球——月霸在碧藍的海中，成為瞳子，海面猶如眼睛的角膜與鞏膜，波浪猶如眼珠盪出的熱淚。美人的眼珠是愛慕者信仰的中心。

二，正像美國名畫家 Grant Wood 於一九三零年所作的石頭市（Stone City）一樣，整個市鎮像藍玉、白玉、紅瑪瑙琢成的。田野、山丘、園圃，長出來的作物、樹林、叢莽、青草……無一不像

雍伯在玉田裡種出來的，試想像看：當盛夏雷雨之後，烈日當空，水氣蒸騰，那不就是「玉生煙」了嗎？

這兩幅美麗的圖畫，反映晚唐的政治社會。

甲、滄海月明珠有淚——　權臣無方

「滄海」指朝朝變的世局，指廣大的社會，尤其是政治鬥爭中心以外的廣大地區。

「月」指權臣、黨魁，「月明」猶如權衡人物的「秦鏡高懸」。杜甫描摹列營沙朔時領軍人物的威嚴：「中天懸明月，令嚴夜寂寥」，即具此意。

「珠」是權臣由「滄海」（民間）掄出的良材，「今來滄海欲求珠」。

義山從鄭亞到嶺表，對珠海有真切的領略：「水勢初知海，天文始識參。」滄海是無時不變的，參星與商星是不相值的，但他還期望著：「莫使佳期更後期」！

他假守昭平時，離海有一段路，仍想念海。淵鑒類函所引其逸詩四行：「假守昭平郡，當門桂水清，海遙稀蚌跡，峽近足灘聲。」這一段時間，前代孟嘗使珠還合浦的美談，必重現其腦際。苛政猛於虎，誅求無饜的貪官，使採珠業頹敗，海不出珠，人民眼淚卻如珠雙垂。「今來滄海欲求珠」，施德政使人民愛服，遠走他邦者回來故梓，重操舊業。義山看到政治權力鬥爭中心的險惡景象，置身在海曲，也是一種辦法：「欲就麻姑買滄海」，「可能留命到桑田」。滄海比楚地的瀟湘更富神祕性。前代楊貴妃就是在海上仙山過她長恨的歲月，明皇使方士窮求的故事，比宋玉所繪的高唐神女圖畫，更富浪漫氣息。楊貴妃「海外徒聞更九州，他生未卜此生休」，絕未忘卻塵緣，和義山的「相見時難別亦難，東風無力百花殘」一樣的情魔難斬。再聯想那些貴族女兒入道成為女冠，離群索居，「碧

海靑天夜夜心」多可憐！詩人也有「此生豈能長無耐」的苦痛。

　　楊貴妃在海外，是被擯於政治權力圈外的代表，女冠們是政治權力圈外的另一種產物，她們的心境和遷謫之臣，或被壓抑，才能不得展布之士一般。「楚雨含情皆有託」，義山把自己的詩作比儗離騷，連宋玉他都不屑爲伍，「何曾宋玉解招魂」？他的綵毫，托出「楚臣去國，漢妾辭宮」的微旨來！

　　現在轉入正題罷。「滄海月明珠有淚」，是權臣由兆民中提挈一些人材來，但其中最優異、最果敢、具正氣、具才識者，必遭壓抑、擯棄，或不久即投閒置散，甚至被摧殘戕害。盛世的李白、杜甫、因爲才美，沒有人肯提挈，沒有中過進士。由盛轉衰時的劉禹錫、柳宗元，因宰相韋摯誼被遷至海外的瓊崖，也居夷處困，偃蹇至死。季世而同時代的劉蕡，因其勇敢而富正義感的對策以見黜，以貶死。義山贈他的詩，輓他的詩，都是一字一淚，「萬里相逢歡復泣，鳳巢西隔九重門」「黃陵別後春濤隔，湓浦書來秋雨翻」。

　　在那朝朝變的世局，權臣雖然眼睛雪亮，拔擢一些人材，多數像劉蕡的不得其用，令人扼腕太息，涕淚交流。

　　「那是豬八戒脊梁」的時代，「諸生個個王恭柳，從事人人庾杲蓮」，「滿宮學士皆顏色」，有抱負的人物，只好抱恨齎志以歿了！

　　義山常以漢代的賈誼自況：

　　　　宣室求賢訪逐臣　　賈生才調更無倫
　　　　可憐半夜虛前席　　不問蒼生問鬼神

賈生還是生在漢朝的盛世。義山生不逢時，寫出這一行美麗的詩歌，卻蘊涵無限悲痛。另一行是：「夜吟應覺月光寒」。權力圈內的黑暗是「夜」，「月光寒」是權臣的淫威。在漫漫的長夜裡吟唱，因爲「月光寒」，所以「珠有淚」。

乙、藍田日暖玉生煙——　帝恩難恃

「藍田」離京畿不遠，求功名有近水樓臺之利。

「日」是帝皇。

「暖」是帝皇的恩煦。

「玉」是朝中的菁華人材。

「生煙」是焚毀美玉的景象。

古時有「浮雲蔽白日，遊子不顧返」的句子。「浮雲」指君側佞臣，包圍了國君，以致有「楚臣去國」的悲劇。

「日近長安遠」是東晉半壁河山的慘狀。「太陽當面照」，但「舉頭不見長安」！安史之亂後，李白有「倘謂浮雲能蔽日，長安不見使人愁」的歎息。杜甫於入川時，還在戀念盛世時的景象：「雲移雉尾開宮扇，日繞龍麟識聖顏」。

義山曾卜居長安南面的樊村。藍田縣也在長安的東南，其南面之山，盛產美玉。自三國以來，「藍田美玉」，即象徵生出了優秀的人材。照理藍田的才俊，在帝恩優渥的環境中，應該會很快發達才對，事實上卻不然。因為日光的強度太烈，山裡的玉竟生煙了！所以後來他有「天涯地角同榮謝，豈要移根上苑栽」的話。

義山一生在政治舞台上看到的鬥爭，最慘烈、最可怖、最不幸的是甘露之變：唐文宗爲消除肘腋間的拔扈宦官，先與宋申錫、王璠等密謀，卻爲宦官王守澄所挫。後來又與李訓、鄭注諸大臣暗議，進行一系列的安排，而發動甘露之變。這一次的孤注一擲，在只許成功，不許失敗之情勢下，原應萬分小心，縝密計劃。如果那時有老謀深算的侯生，勇敢忠貞的朱亥、靈輒、提彌明執行其事，調度得宜，時空配合無間，唐代的歷史，當可改寫。可憐李訓、鄭注的布置疏漏，郭行餘軍不至，功敗垂成，竟爲閹人仇士良等反擊，滿朝菁華：李訓、舒元輿、王涯、賈餗、王璠、羅立言、李孝

本等，慘遭腰斬，鄭注也不得苟免！

　　義山痛惜這事變的失算，顯宦名臣的橫遭一網打盡，備受夷戮，寫下許多詩句：「古來清君側，今非乏老成，素心雖未易，此舉太無名！」

　　李訓、鄭注均係「千金子」（美玉），深獲皇上的眷愛，倚重，把這樣的大事，何等的大事！付託他們。結果：他們卻像遭火炎焚毀的崑山之玉呢！

　　京畿的菁華人物，受皇上的恩煦，竟然在閹人的凶燄中被燹而生煙！美玉可寶乎？皇恩可羨乎？清詩有「戚姬脂粉虞姬血，一樣君恩不庇身」！其義與此殆相近。

　　「福兮禍所倚」，信然！

# 六、反覆平生原來如此

　　沒有結過婚之人，聽人家說，結婚的生活是這樣而又那樣，雖然領略了許許多多，總像霧裡看花，終隔一層。後來自己結了婚，過了一段日子，才恍然大悟：「原來如此！」

　　禪師有言：「如人飲水，冷暖自知。」義山踏入人生舞台近五十年，他的美夢破碎了，嘗到的人生滋味，多數是苦的。這時這首自敘詩，用冷靜的頭腦，「我見如是」的態度，熔鑄而出。

　　楊柳先生給義山極高評價，認為好過杜甫。而正統派的詩論家，都認為杜甫勝過李白。如楊先生的說法成立，義山就是獨步唐代詩壇的人物了。

　　如以藝術手法而言，義山與李、杜，各有千秋。李白「句從天外落」，如珠走玉盤，透闢玲瓏，清新自然。杜甫則百煉千錘，沈鬱蒼勁，雷霆萬鈞，超凡入聖。義山生於季世，靈睿善感，要眇宜修，深邃奧曲，善於獺祭。李白、杜甫的詩作，是「詩人之賦麗以

則」，義山是「辭人之賦麗以淫」(揚雄語)。這是盛唐與晚唐作風
的分野，也是唐詩和宋詞的殊味。宋詞的吐屬全是婦人的口吻，是
女性化的文學。

　　李白古風五十五首的第一章：「大雅久不作，吾衰竟誰陳？
……正聲何微芒，哀怨起騷人。……聖代復元古，垂衣貴清眞……
我志在刪述，重輝映千春。希聖如有立，絕筆於獲麟。」「吾衰竟誰
陳？」是指吾國詩運的衰歇，而他是重振墜緒的人物，是詩國裡的
孔子。

　　杜甫在「望嶽」一詩中，說出孔、孟的遺敎與品格，是時間上
的不朽 (齊魯青未了)，空間上的不朽 (陰陽割昏曉)，感召力的偉
大 (盪胸生層雲，決眥入歸鳥)。然而他自己見賢思齊，甚至要駕
凌孔、孟之上 (會當凌絕頂，一覽衆山小)，這是何等的氣魄！

　　義山對人生，親歷其境將五十年，翻閱自己的詩篇，過去的一
幕幕，重現在眼前，覺得人生如是而已。當時是迷，現在是淸：
「此情可待憑追憶，只是當時已惘然」。

　　這樣的心境，看來和他每次蝶夢後寫詩時一樣。但那是對每件
事的感觸，經昇華作用，表現出來的現象；而此乃走到人生盡頭，
作整盤估量的斷語。前者是做了一次夢之後，還想做第二次，拆穿
一種西洋鏡，還要再拆另一種，現在把前塵的一切，當作過眼雲
煙，不值得再進一步去追求，因爲已沒有甚麼熱烈的渴慕了。前者
情感似野馬，現在心靜如止水。

　　義山年靑時學過仙，並沒有乘鶴飛去，中進士後，冀求功名，
並沒有做顯宦，所以他這時候，自況爲一把錦瑟—— 一個詩人。他
的一生只在愛情上略有收穫，這一點適足以加強其詩人的資格。可
是他生於衰世，使他沒有李、杜的氣魄。

　　這首詩反映他對自己和人生有澈底的了悟，對一切現象，經過

反省之後，都了然於衷。但對那位供應他靈感的是誰，他卻不認識，所以「錦瑟無端」，也就是「詩人無端」了。

最後：他對人生的徹悟是：「如是我聞」，「如是我見」，只能失笑於「當時」的「惘然」，卻沒有找到了「將來」的「歸宿」。

—— 刊載菲世界日報北京社會科學院之文學遺產
1988 第 5 號美大地月刊第八期

# 後　記

平生喜以哲理談時，欲其落言筌，而又不著跡象。讀詩要能摸到作者的靈魂—— 與詩人「心有靈犀一點通」。一九四五年發表「再論曹操的短歌行」於福建省立龍溪中學的青年之友季刊，後又轉投登載上海國文月刊第六十期（一九四七年），旅菲後續有撰作，發表者近二十萬言，擬出專集。此篇是多年前想寫的，到今天才完成，或可充集子的殿後。敬請楊柳、吳調公、柳文英、陳定山諸先生，以及海內外方家，惠予指正！

一九八五年九月廿八日於美國南加洲洛杉磯里亞托社

# 論李清照

## 中國韻文的源流

　　中國詩歌有兩個源流：一是詩經，一是楚辭。詩經代表中國北方（黃河流域）的詩歌，楚辭代表南方（長江流域）的詩歌。詩經質樸澄淡，楚辭纏綿悱惻，這是先秦社會風尚的不同，影響了人民的氣質，在文學上因而有不同的表現。詩經遞變爲漢魏六朝的四言、五言詩，楚辭遞變爲漢魏六朝的辭賦和駢文，當然了，漢魏六朝南方的人，也做四言五言詩，北方人也做辭賦駢文，事實上漢代的中華民族經過戰國末年的大融合已分不出誰是眞正的北方人，誰是眞正的南方人了。魏晉南北朝民族的遷移、鬥爭、融合，較戰國末年尤劇。所以這兩種文學的源流，對作家們的影響，是因人而殊，因世而異的了，揚雄說：「詩人之賦麗以則，辭人之賦麗以淫。」然「則」與「淫」，便是詩經與楚辭對漢代文學風格的影響了。

　　魏晉南北朝的詩歌，大抵承襲詩經的精神，辭賦則步武離騷的情調。劉彥和所謂：「詩人麗則而約言，辭人麗淫而繁句」，就是這個意思。原來四言、五言，但求「辭達而已」，辭賦「雖取鎔經意，亦自鑄偉辭」。不過這時代的詩歌和辭賦，都注重音律。劉彥和又說：「古之佩玉，左宮右徵，以節其步，聲不失序，音以律文」。繁富的詞藻，加上鏗鏘的音律，就更加的麗淫了。章太炎非常崇奉六

朝的辭賦駢文，是偏愛麗淫之故。陸機文賦中有云：

> 其爲物也多姿，其爲體也屢遷，其會意也尚巧，其遣言也貴
> 妍。暨音聲之迭代，若五色之相宣。雖逝止之無常，亦錡錡
> 而難便。苟達變而識次，猶開流以納泉。如失機而後會，恆
> 操末以續顚。離之則雙美，合之則兩傷。考殿最於錙銖，定
> 去留於毫芒。

這樣的條件與技術，已比離騷更繁複而淫麗了！

## 漢唐作風的比較

漢代和唐代一樣的屬於盛世。漢代緊接著秦始皇結束了春秋戰國的紛亂，穩定了大一統的局面，落實了控制思想的政策，在政治上是極大的成功，員幅像歐洲那樣大的中國，沒有分崩離析，而能夠海內歸禹貢，遐緬盡堯封，而且延續了二千多年，沒有任何國家可以和它比儗。可是在文化上，再沒有諸子爭鳴，百家蠭起的景象。秦始皇坑殺知識份子於咸陽於前，漢武定一尊於後，才識之士，不是遵循統治者所劃的規格以立言，便是韜光養晦以苟活，看不見絢爛的光彩，開不出科學的奇花。

唐代沒有「倡優畜」文人的漢武帝，自然產生不出迎合人主誇大狂的文人，如司馬相如之輩，更不會有善鋪張誇飾的「麗以淫」的辭賦了。揚雄自己慨歎著說：「作賦是雕蟲篆刻，壯夫不爲！」東方朔的滑稽，和紀曉嵐的幽默，作用相同，以博取統治者的歡心，使其在繁劇叢脞中，得到緩和緊張的調和。漢代有質樸的四、五言詩，卻不是代表漢代文學的體裁。

相反地，唐太宗的私德是那樣的缺損——殺兄納弟媳，但他懂得人君之道，深明治術。他天天公餘便到弘文館和十八學士討論學術，對文人學者，是那樣的尊重。其後皇帝，也都右文，加以國力

充沛，自然會產生李、杜一類有氣魄，有豐富生命力的詩人來，而吐射萬丈的光芒的。漢代在思想上力謀統制，罷黜百家，專尊儒術，其效果是使政權鞏固，帝位不致動搖，不幸把晚周諸子的偉大功績，偉大成就，活生生地埋葬了！那些無聊的經生家，雖然整理了先秦的舊籍，卻曲解經書的意旨，使能迎合統治者的利益。漢代最流行的思想是陰陽五行家的哲學，實是散佈迷信的邪說，甚至大思想家王充，也迷信命運，怎能煥出甚麼異彩呢？

　　佛敎的傳入，的確是因爲中國固有思想的沒落，東漢、魏、晉、南北朝知識份子，藉逃空以躲避統治者的屠刀，雖然介紹了印度的哲學進來，卻使中華民族消逝了創造的活力（其他民族、國家接受佛化之後，莫不皆然）。但唐代卻把佛學思想加以發展，使其體系益加宏大，波瀾益加壯闊。如果這份力量用在科學上，不知道會有多麼大的成就呢！

　　唐代思想上有相當的自由，人格的尊嚴獲得肯定，加以皇路清夷，自然會產生「麗以則」的詩歌來。

　　嚴滄浪稱道盛唐之風，「如空中之音，相中之色，水中之月，鏡中之像，言有盡而意無窮」，「如羚羊掛角，無跡可尋」。

## 六朝盛唐的消長

　　史家喜歡把漢代和唐代作比較，以爲同的多，異的少（在文學上我卻以爲同的少異的多）；很少把六朝拿來和唐代比較。春秋戰國的「龍虎相啖食」，卻使文化發皇萬狀，秦漢的大一統局成，反讓文化衰歇萎約。南北朝與唐代的情勢正相反。魏晉之交司馬氏之屠殺賢才，南朝篡奪相乘，也如法泡製，使有本領有抱負的人，沒有一個可保首領——這是中國歷史的死結！直到現代，才識之士，不是遭殺戮，便是裝聾作啞，或歸隱田里，或玩世佯狂，能夠站在

臺上的，都是豬八戒脊樑，── 這是中國歷史上的悲劇。司馬晉殺人先殺政敵，再殺政敵的同情者，再殺有才識者，再殺幫司馬氏行凶者，最後骨肉相殘，弄到胡人起來作亂，沒有人能起而挽救，中原遂淪入異族之手！南朝的宋，原有收復中原的能力與機會，檀道濟、王鎮惡（王猛的兒子），攻入長安，劉裕郤沒有藉此機會敉平北方的胡亂，讓中國再度統一。

這數百年間的兵戈遞作，荊榛遍地，蠻夷胡羯，轉徙雜遝，人民生活的痛苦，無法形容。佛教應運而興。原來一般人民，沒有立錐之地，賣身為奴為婢，肉體的痛苦，使他們渴慕心靈上的安慰；一些統治階級，享盡人間淫樂，或操生殺予奪之權，或寄情聲色狗馬，而心靈反覺空虛，更渴慕得到心靈上的安慰；一些有才識的知識份子，在權力鬥爭圈中，遭受屠刀的威脅，或置身險惡的環境中，目擊傷天害理的事件，或缺乏有力者的支撐，理想無法發揮，都以遁空逃禪為歸宿。其實佛教在中國的發展，使中國充滿了幻滅、虛無的思想，社會停滯在封建、迷信的狀態中，而無法自拔。

北方政權在胡人手中。他們彼此沒有聯繫，力量單薄，沒有組織政府的經驗，文化水準比漢人低，無法建立強固的政權，雖然有新興民族的朝氣，但後來也向佛學思想投降而失卻勇猛精晉的活力。

晉代正始太康中的三張二陸兩潘一左，都有相當的成就，但最突出的還是阮籍與陶潛。費海璣曾舉出杜甫效法阮籍的一些例子，說杜甫比不上阮籍，而阮籍是直接歸本於國風。其實杜甫的寫法比阮籍進步。杜公集中有許多寫法是阮公所未想像到的。有的只有短短的廿個字，有的長至幾百個字的。隨便舉例來說：杜公的夢李白二首，遠勝阮公描繪曹氏一系和司馬氏一系的感情的演變，因為杜公更能曲盡其妙。

　　費氏又說：「杜甫那里比得謝靈運呢！」又無引證，直是向壁虛造。謝靈運善寫山水詩，遠不及陶潛與大自然冥契的那種境界。有人說，謝康樂是第一位能夠把佛學思想融入詩中的作家。但謝氏集中有那一首可以和杜公「贈衛八處士詩」比儗？它把佛家「無常」的概念融入詩中，那樣的自然，那樣的合乎情理，那樣地說出人人心中所要說的。

　　六朝的作者爲李杜所欽遲的，只有謝宣城、鮑明遠、庾子山等。然而這些人並沒有發出「正聲」來。

　　杜甫說：

　　　　庾信文章老更成　　橫雲健筆意縱橫

　　　　今人嗤點流傳賦　　不覺前賢畏後生

盛唐時訾議庾子山的人該是不少呢！

　　李白古風五十九首第一首說：

　　　　大雅久不作　　吾衰竟誰陳　　王風萎蔓草　　戰國多荊榛

　　　　龍虎相啖食　　兵戈逮狂秦　　揚馬激頹波　　開流盪無垠

　　　　自從建安出　　綺麗不足珍　　廢興雖萬變　　憲章亦已淪

　　　　聖代復元古　　垂衣貴清眞　　群才屬休明　　乘運共躍鱗

　　　　文質相炳煥　　眾星羅秋旻　　吾志在刪述　　重輝映千春

　　　　希望如有立　　絕筆於獲麟

這認爲盛唐之音，才是遙繼「大雅」「王風」的正聲，時逢盛世，人才濟濟，所以會發出「麗以則」的光華來。

## 中唐以後的逆轉

　　「麗以淫」的文學風格在盛唐時被活活埋葬了。到了中唐以後，它的幽靈卻借「詩」還魂了：

　　　　相見時難別亦難　　東風無力百花殘

春蠶到死絲方盡　蠟炬成灰淚始乾
曉鏡但愁雲鬢改　夜吟應覺月光寒
蓬萊此去無多路　青鳥殷勤為探看
　　　　　　　── 李商隱無題詩

寂寂花時閉院門　美人相並立瓊軒
含情欲說宮中事　鸚鵡前頭不敢言
　　　　　　　── 朱慶餘宮中詞

娉娉嫋嫋十三餘　豆蔻梢頭二月初
春風十里揚州路　卷上珠簾總不知
　　　　　　　── 杜牧贈別

冰簟銀床夢不成　碧天如水夜雲輕
雁聲遠過瀟湘去　十二樓中月自明
　　　　　　　── 溫庭筠瑤瑟錄

碧欄干外繡簾垂　猩色屏風畫折枝
八尺龍鬚方錦褥　已涼天氣未寒時
　　　　　　　── 韓偓已涼

　　這時期的詩歌已變成纖巧，細膩，柔弱，纏綿而淫麗了。這種格調，的確是「麗以淫」精靈的復活。

　　在這裡附帶提到一個問題：至友高文顯博士在弘一法師鼓勵之下，寫出韓偓一書，原交上海開明書局刊行，因遭國變，至一九八四年才在台出版。到一九八六年，藏珠盦由西德漢堡寄一本來給我。裡面夾一張紙，提出一些疑問，茲在這裡一敘。

　　原來高博士一而再，再而三地堅持：「香奩集」不是韓偓作的，在「香奩集」辨偽一章有詳細的考證（請參閱高著「韓偓」六十三面），說是韓熙載或和凝的作品。藏珠盦認為高博士是要為晚年皈依佛門的韓多郎諱，而影印弘一法師年譜的一節：

光緒卅一年乙巳（一九〇五）大師廿六歲，是年在滬壎菩薩
蠻二闋憶楊翠喜……

燕支山上花如雪，燕支山下人如月，額髮翠雲舖，眉彎淡欲
無。夕陽微雨後，葉底愁痕庾。生小怕言愁，言愁不耐羞。
曉風無力垂楊嫩，情長忘卻游絲短。酒醒月痕低，江南杜宇
啼。魂銷一捻，願化穿花蝶，簾外隔花陰，朝朝香夢沈。

然後又寫出弘一與家長兄（故王新民教授）會面的一項談話：

憶大哥會弘一大師於淨峰，曾詢彼「前塵影事」外數百首詩
可否出專集？大師答：「那些是孽債！」

再提出兩個問題：

一、韓偓十歲爲詩留別父執李商隱有「殘燭冷灰」之句，該詩
在何處？

二、韓偓十歲以後至四十六歲之詩（文）有無專集？

這些是藏珠盦對「香奩集」非韓偓作品的疑問。

我在前面所引的那首詩，唐詩三百首裡也選入。那是「麗以
淫」的代表作：一個人在「已涼天氣未寒時」，躺在龍鬚草織成的
八尺方形的褥子上，讓女孩子來替他按摩。這間臥房外該是有一道
走廊，走廊外碧色欄杆有翠簾遮著。── 這是一朵猩紅色的屏風上
所畫的。原來政客，或有抱負的人物，常藉女色來掩蓋他們的政治
野心，特別是在晦冥的時候，中唐晚唐的風氣，正是如此，殊不必
爲賢者諱。

詞就濫觴在這個時期：

汴水流　泗水流　流到瓜州古渡頭　吳山點點愁
思悠悠　恨悠悠　恨到歸時方始休　月明人倚樓

　　　　　　　　　　　　　　　── 白居易長相思

玉爐香　紅燭淚　偏照畫堂秋思

眉翠薄　鬢雲殘　夜長衾枕寒

梧桐樹　三更雨　不道離情正苦

一葉葉　一聲聲　空階滴到天明

—— 溫庭筠更漏子

# 「女性化」的詞

　　王國維說：「詞之爲禮，要眇宜修，能言詩之所不能言，不能盡詩之所言。詩之境闊，詞之言長。」這是時代潮流使然。中唐而後，流寇、藩鎭、外族、宦官、黨派之禍，不一而足。降及五季，風燈明滅，強鄰威逼。北宋自歧溝關一役後便不敢復問燕雲十六州。眞宗定和議之後，國運每況愈下。但詞的發展，卻和國運成反比，濫觴於中唐，浚暢於五季，至北宋而境益幽，質益輕，風格益柔婉，言詞益纏綿。詩隨盛唐的國運而呈「衆星羅秋旻」之勝概，詞隨五季的風燈明滅，北宋的不絕如縷而「瘦殺人，天不管！」漢代的「麗以淫」的賦，「壯夫不爲」，因爲它是「雕蟲篆刻」的東西，詞的「麗以淫」是「女性化」的，因爲它是陰柔、幽怨、纏綿、纖弱—— 要眇宜修的，卻是衰歇時代士大夫的瑰麗玩意兒。

　　「衆星羅秋旻」是高士的風度，「瘦殺人，天不管」，是美人的口吻。明高靑丘（啓）詩有：

　　　雪滿山中高士臥　月明林下美人來

可以形容詩的詞的境界，風格、氣質的不同。

　　李白的「菩薩蠻」和「憶秦娥」，許多人說是假的，但至少是唐人的作品。

　　菩薩蠻：

　　　平林漠漠煙如織　寒山一帶傷心碧

　　　暝色入高樓　有人樓上愁

　　玉階空佇立　宿鳥歸飛急

　　何處是歸程　長亭更短亭

這是以第一身寫第三身的事，和李白的「關山月」一詩，味道頗近：

　　明月出天山　蒼茫雲海間　長風幾萬里　吹度玉門關

　　漢塞白登道　胡窺青海灣　由來征戰地　不見有人還

　　戍客望邊邑　思歸多苦顏　高樓當此夜　歎息未應閒

是這詩之境闊，那詞之言長而已。

　　憶秦娥：

　　簫聲咽　秦娥夢斷秦樓月

　　秦樓月　年年柳色

　　灞橋傷別　樂遊原上清秋節

　　咸陽古道音塵絕　音塵絕

　　西風殘照　漢家陵闕

王國維說：「『西風殘照，漢家陵闕』，「關盡千古登臨之口。」這和李白灞陵行送別一詩，作風也有點相似：

　　送君灞陵亭　灞水流浩浩

　　上有無花之古樹　下有傷心之春草

　　我向秦人問路歧　云是王粲南登之古道

　　古道連綿走西京　紫闕落日浮雲生

　　正當今夕斷腸處　驪歌愁絕不忍聽

這詩比較開朗，沒有像那詞的幽憂鬱結。這一首詞也還是第一身寫第三身的事，和詩的風格有點相似。到五季以降，詞人便都自己化作婦人身來說話了。南唐李中主的「小樓吹徹玉笙寒」，後主的「繡床斜倚嬌無那，爛嚼紅絨，笑向檀郎吐。」馮延巳的「吹皺一湖春水……終日望君君不至，舉頭聞鵲喜。」范仲淹的「酒未到，先

成淚，殘燈明滅枕頭敧，諳盡孤眠滋味。」歐陽修的「都緣自有離
恨，故畫作遠山長。」及「弄筆偎人久，笑問鴛鴦怎生書?」柳永的
「楊柳岸，曉風殘月，此去經年，應是良辰美景虛設。」張先的「臨
晚鏡，傷流景……雲破月來花弄影。」蘇軾的「才是送春歸，又送
君歸去。若到江南趕上春，千萬和春住。」秦少遊的「語軟聲低，
道我何曾慣!」李玉的「枉教人，立盡梧桐影!」辛棄疾的「羅帳
燈昏，哽咽夢中語。」這些都是名句，自然都另有暗示，但都可肯
定地說，是故作女兒態的口吻。

這些詞人善造「麗以淫」的辭句，善仿女兒家的口吻，可是總
比不上女兒家自己寫的來得嬌媚、淒迷、側艷、柔婉，特別是那深
邃的幽怨。

由中唐靖康前後，詞格的發展，已達巔峰狀態，出現了一
位婦女—— 李易安，作品獨得詞格之正。原因是她以婦女之身，描
摹女兒家的柔腸冰姿，蕙心紈質，自然比較鬚眉故作女兒態來得眞
切。她有蓋代的才華，高潔的情思，融化無跡的手法，空靈虛澹的
境界，加上國破家亡，生離死別的遭際，難怪有那麼優異的成就。
可惜她的漱玉詞，比她和丈夫所搜集的金石故物，散失更多。這是
文學遺產上非常大的損失。

## 高潔的情思

「麗以淫」的文學作品有許多好像春宮圖。比如前面所引韓冬
郎的詩。但韓氏的手法很高明，把自己置身局外，在欣賞這一精彩
的鏡頭。韓氏的香奩集，該是受其前輩李商隱的影響。李氏寫床第
之言的作品不多，但手法很靈巧。比如：

**曾是寂寞金燼暗　更無消息石榴紅**

暗示這夜伴他睡覺的女郎，雖然可愛，但已非閨女了。

> 風波不信菱枝弱　夜露誰教翠葉香

曲盡男女繾綣的情態。秦少游的：

> 語軟聲低　道我何曾慣

描寫初試雲雨情的女郎，嬌羞地向男伴說出她的感覺，雖是床笫之言，卻婉約而溫存，現代的唯美派，就不是如此。邵洵美氏，看見一條蛇就說：

> 像女人鬆弛了的褲帶　等待男人的勇敢

詞雖然是「麗以淫」的文學，由李清照寫來，非常乾淨，只表現人類至性的優異情思，讓人家得到純粹的美感，一點的慾念都不會產生。試看她說：

> 玉簫聲斷　人何處　春又去
> 此情　此恨　此際　擬託行雲問東君

易安和李後主一樣遭遇國亡家破、生死別離的慘痛境況，所以這首詞也和李後主一樣地有「流水落花春去也，天上人間」的切膚之痛，和尋常的閨怨迥然不同。陶淵明在晉宋易代之際，效法詩經蒹葭，寫出他的閒情賦。蒹葭的作者懷念「伊人」，「道阻且長」，「溯游從之，宛在水中央」，是望洄流而興歎。陶氏向所慕的對象許以十願，十願俱違，而「寄遙情於八遐」。李氏「此際」把「此情、此恨」，「擬託行雲問東君」。「東君」在楚辭的九歌裡是富陽剛之氣的：「暾將出兮東方，照我檻兮扶桑」。宋代的文學就缺少這種「陽剛之氣」，只是像湘君所表現的：「捐余玦兮江中，遺余褋兮醴浦」。聞一多說：那是穢褻到不堪聞問！此是李商隱、韓偓、秦少游淫麗作風之所本。易安生於那樣的時代，卻能一塵不染，遙繼三百篇「思無邪」的傳統，殊屬難能可貴。

# 清瞿的形象

　　菲律濱華僑文藝工作者聯合會舉辦的第一屆文藝講習會中，我的講題是「李白和杜甫」，曾形容盛唐之風：「他們的花是牡丹——象徵富貴，他們的水果是荔枝——漿熱味濃，他們的美人是楊玉環——神媚體肥，他們的詩人是李白與杜甫——雙星炳煥。」美人像楊貴妃是肉感而狐媚的。那是盛世富庶時期的一種表徵。宋以後的美人都是林黛玉式的。工愁善病，弱不禁風。李清照所描繪的是這樣的：

東籬把酒黃昏後　有暗香盈袖　莫道不消魂
簾捲西風　人比黃花瘦

宋玉描摹美人：「增一分太長，減一分太短」，曹植受了這啓示，寫出：「穠纖得中，修短合度，肩若削成，腰如約素」，都是集中在美人的胴體。曹植寫神態時這樣說：「動無常則，若危若安，集止難期，若往若還」，又說：「凌波微步，羅襪生塵」。李易安描繪的美人，是用她自己做「模特兒」(Model)，而刻畫出來的。這個美人，比那金風蕭索，衆芳蕪穢的時節，出現在高士的東籬裡面的黃花，更加清瞿。

　　陶淵明的名句：「採菊東籬下，悠然見南山」，是有「物化」的經驗。莊子說：「莊周夢爲蝴蝶與？蝴蝶之夢爲莊周與？此之謂物化」。陶淵明的「悠然『見』南山」，就是認爲南山是有知覺的——哲學家認爲萬物都有微覺。藝術家把一些材料組成一隻狗，那些東西集合起來，就有狗的性，組成一輛車，它就有車的性。科學家研究物的性，得到物的物質方面的性，卻不認識那對象的物如，也不能領會它具有微覺。詩人用生花的妙筆，表現出物我交契的經驗，進而有「天地與我並生，萬物與我爲一」的境界。李白受陶淵明這

兩行的影響，也寫出：「相看兩不厭，只有敬亭山」的句子來。

　　陶淵明的「歸鳥」一詩敘述他自己的「倦飛知還」的心境：

　　　　翼翼歸鳥　　載翔載飛　　雖不懷遊　　見林情依

　　　　遇雲頡頏　　相鳴而歸　　遇路誠悠　　性愛無遺

這是該詩的第二節。它把「歸鳥」的至性發揮得淋漓盡緻。刁皮的
科學家會效惠施而詰問：「子非歸鳥，安知歸鳥之樂?」

　　李清照把酒東籬之際，菊花的清香染上她的兩袖，當一陣陣西
風吹拂著，窗口呈現一個美人，比那黃花更加清懼，更加可愛可
憐。—— 她可以遠觀，不可褻玩。

## 蓋代的才華

　　「本朝柳屯田永，變舊聲，作新聲，出樂章集，大得聲於世，
雖協音律，而詞語塵下。又張子野、宋子京兄弟，沈唐、元絳、晁
次鷹輩繼出，雖時時有妙語，而破碎何足名家？至晏丞相、歐陽永
叔、蘇子瞻，學際天人，作小歌詞，直如酌蠡水於大海，然皆句讀
不葺之詩耳，又往往不協音律。……王介甫、曾子固，文章似西
漢，若作小歌詞，則人必絕倒，不可讀也。乃知詞別是一家，知之
者少。後晏叔原、賀方回、黃魯直、秦少游出，始能知之。而晏苦
無鋪敘，賀苦少典重，秦少游專注情致，而少故實：譬如貧家美
女，雖極妍麗幽逸，而終乏富貴態。黃即尚故實而多疵病，譬如良
玉有瑕，價自減矣。」（見易安居士輯、彭駿孫詞統源流、徐釚詞苑
叢談）

這樣的說法，實是卓論。原來「詞別是一家」，須「要眇宜修」，須
「悽迷側艷」。從中唐至五代的詞人，盡量講究「淫麗」的格調，使
「芳樹下成蹊」，但要找到一位可以加冕的詞皇，「過盡千帆皆不
是」？直到靖康前後始見到這位詞國的女皇唱道：

> 天接雲濤連遠霧　星河欲轉千帆舞
>
> 彷彿夢魂歸帝所　聞天語
>
> 殷勤問我歸何處　我報畫長嗟日暮
>
> 學詩漫有驚人句　九萬里風鵬正舉
>
> 風休住　蓬舟吹取三山去

姍姍而來，直叫柳屯田自愧其俗，坐臥不安，歐、蘇神喪氣沮，退居末座，秦少游荆釵不值錢，黃魯直有瑕價自減了！原來時代的潮流使「麗以淫」的詞風，旁薄瀰漫，李易安挹取其醇和，清癯獨出，而表現蓋代的才華，故能高居寶座！

哲學家對於宇宙具有一個「覺」字，詩人對宇宙具有一個「感」字，而同具一個「知」字。哲學家洩漏宇宙的祕密而成爲哲理，詩人述說宇宙的祕密而成爲天籟。

蘇東坡的：

> 花褪殘紅青杏小　燕子飛時綠水人家繞
>
> 枝上柳綿吹又少　天涯何處無芳草

朝雲念到了第三行便哭起來了。原來這是蘇詞中最合詞格的一首，是「要眇宜修」的，激起了朝雲靈睿的感情來。這詞的後半是：

> 牆裡秋千牆外道　牆外行人牆裡佳人笑
>
> 笑漸不聞聲漸悄　多情還被無情惱

有說理的傾向。李易安則純粹是詩人的情致，試看：

> 昨夜雨疏風驟　濃睡不消殘酒
>
> 試問捲簾人　道海棠依舊
>
> 知否知否　應是綠肥紅瘦

這是純粹的「感」，絕非思辨範疇中的「覺」。這首中的「肥」與「瘦」，令人有「春去也」的感覺，是天籟。

程子的：

> 萬物靜觀皆自得　四時佳興與人同
>
> 道通天地有形外　思入風雲變幻中

是說理詩的代表作，是哲學的口吻。李易安的：

> 窗前種得芭蕉樹　陰滿中庭
>
> 葉葉心心　舒卷有餘情

這些句子和陶淵明很相近，由此可以悟出「萬物靜觀皆自得」的至意。這是從小處著眼，納須彌於芥子的手法：由那葉葉心心的舒卷以窺見宇宙的祕密，好像翁森的「數點梅花天地心」一樣。杜詩的「細雨魚兒出，微風燕子斜」，「穿花蛺蝶深深見，掠水青蜓款款飛」，「信宿漁人還泛泛，清秋燕子故飛飛」，都有同樣的情趣，想易安這詞是由這些句子中學來的。是細美的，絕不像杜氏的：「落日照大旗，馬鳴風蕭蕭」，那樣的壯闊，因為這是詞，是出自女人蕙心的。

## 亡國的哀思

李清照曾有喪夫、家破、國亡的哀痛。當她在平靖時，和夫婿雙宿雙飛，賽填詞，集古玩，的確享受了一些日子。她批評亡國之君時，甚至說：「五代干戈，斯文道熄。江南李氏，獨尚文雅，有『小樓吹徹玉笙寒』一句，及『吹皺一湖春水』，語雖甚奇，所謂『亡國之音哀以思』也。」（見易安居士事輯，彭駿孫詞統源流，徐紈詞苑叢談）

　　曾幾何時，李易安有了同樣的經歷，令人替她有「此日六軍同駐馬，當年七夕笑牽牛」的感喟。她希望國難有寧息的一天，唱道：

> 清露晨流　新桐初引　多少遊春意
>
> 日高斂　更看今日晴未

這詞頭兩行引世說新語，猶如己出。看見有抗金的武力勃興，趙構建都杭州，有點中興的氣象，她抑制悲憤的情緒，說：「更看今日晴未？」表現著她的渴望。

聖經的雅歌第七首末段的標準英譯是這樣的：

Come, my beloved

Let us go forth into the fields

And lodge in the villages

Let us go out early to the vineyard

And see wheter the vines have budded,

Whether the grape blossoms have opened

And the pomegranates are in bloom.

There I will give you my love,

The mandrakes give forth fragrance,

And over our doors are all choice fruits.

New as well as old,

Which I have laid up for you:

O my beloved.

我五古漢譯是這樣的：

來兮我良人　　願與子偕藏

行行下田野　　投宿於村莊

明晨入園圃　　同觀葡萄棚

是否已開花　　是否芽已萌

能見安石榴　　吐蕊爭春榮

　　　　我良人

儂將饗子以愛情

蔓陀蘿怒華　　處處播清馨

　　　新舊諸佳果　戶限充以盈

　　　敬獻與加子　藉表儂衷誠

這是以色列國發展到最高時代的詩歌，是「治世之音安以樂」的。所叙的內容，和李氏的詞旨是一樣的，但李氏是在國破亂離之中，得了一段喘息時，而發出希冀的，是「亡國之音哀以思」的，兩首的情緒完全不同。

再看她的「聲聲慢」：

　　　尋尋覓覓，冷冷清清，悽悽慘慘戚戚！

　　　乍暖還寒時候，最難將息！

　　　三杯兩盞淡酒，怎敵他晚來風急？

　　　雁過也，正傷心，是舊時相識。

　　　滿地黃花堆積，憔悴損，而今有誰堪摘？

　　　守著窗兒，猶自怎生得黑！

　　　梧桐更兼細雨，到黃昏點點滴滴。

　　　這次第，怎一個愁字了得！

最後看她的「鳳凰臺上憶吹簫」：

　　　香冷金猊，被翻紅浪，起來慵自梳頭。

　　　任寶奩塵滿，日上簾鈎。

　　　生怕離情別苦，多少事，欲說還休。

　　　新來瘦，非關病酒，不是悲秋。

　　　休休！這回去也，千萬遍陽關，也只難留。

　　　念武陵人遠，煙鎖秦樓。

　　　唯有樓前流水，應念我終日凝眸。

　　　凝眸處，從今又添一段新愁！

　　這兩首和李後主的「憶江南」、「搗煉子」、「憶眞妃」、「虞美人」、「浪淘沙」諸亡國哀詞，何等相近！

李易安據說後來改嫁。這兩首也許因為讀過杜工部的「佳人」：

| | | | |
|---|---|---|---|
| 絕代有佳人 | 幽居在空谷 | 自云良家子 | 零落依草木 |
| 關中昔喪亂 | 兄弟遭殺戮 | 官高何足論 | 不得收骨肉 |
| 世情惡衰歇 | 萬事隨轉燭 | 夫婿輕薄兒 | 新人美女玉 |
| 合昏尚知時 | 鴛鴦不獨宿 | 但見新人笑 | 那聞舊人哭 |
| 在山泉水清 | 出山泉水濁 | 侍婢賣珠迴 | 牽蘿補茅屋 |
| 摘花不插髮 | 采柏動盈掬 | 天寒翠袖薄 | 日暮倚修竹 |

自悲兒世，所以表現愁懷，會那麼的曲折有緻。

註：中文「菲律濱華僑文藝工作者聯合會」，乃五十至六十年菲華文壇一個龐大的文藝組織，與目前的「菲華文藝工作者聯合會」毫無關係。

（菲華文聯季刊）

# 吳梅村論

## 明代政教的腐敗

　　黃宗羲明夷待訪錄原法篇說：「三代以上有法，三代以下無法。……三代以上之法也，固未嘗爲一己而立也。後世之人主，既得天下，然則其所謂法也，一家之法，而非天下之法也。三代之法，藏天下於天下者也。……不疑其旁落……後世之法，藏天下於筐篋者也。……鰓鰓然日唯筐篋之是慮……夫古今之變，至秦而一盡，至元而又一盡。經此二盡之後，古聖王之所惻隱愛人而經營者，蕩然無具！……」這些話包涵兩種很重要的意義，公天下的聖王有惻隱愛人之心，家天下的獨裁者是殘民以逞的，此其一，古聖王之法至秦一盡，至元又一盡，至明朝便蕩然無具了，此其二。

　　如果我們認眞一點去研究本國史，便不難知道明朝的政教是歷代最腐敗的。黃宗羲說明代政治的腐敗是從廢相始。明太祖洪武十三年誅左丞相胡惟庸，遂廢宰相。其後輔臣不過是皇帝的私人祕書而已，其品秩在六部尙書侍郎之下。仁宗以降，輔臣的權力漸重。但國家並沒有把正式的職權授給他們，他們想弄權的，都不得不用不光明的手段去得來。這樣，輔臣都變成權臣，而不是大臣了。所以明代的權臣每每互相傾軋，互相搆陷，如嚴嵩的陷害夏言，波及曾銑，徐階的傾去嚴嵩，高拱的踢倒徐階，都是很明顯的例子。即不世出的大政治家張居正的出任首揆，也是靠著勾結宦官馮保，驅

183

逐高拱而得的。

　　輔臣旣沒有正式的職權，要靠著不光明的手段而把握權位，自不能服衆，楊繼盛劾嚴嵩十大罪五大奸時，就說到祖宗罷丞相設閣臣，備顧問，視制章而已，嵩乃儼然以丞相自居。御史劉臺劾張居正，也說他儼然以宰相自處。此風一長，使明政益加紊亂。一個奸佞的權臣，劾他的人常遭殺身之禍，一個有才識的權臣，又常因廷議而能不得展。至其極，使那些有勇有謀，赤膽忠心的邊將，盡遭受無窮的掣肘，張經，曾銑的死，兪大猷的險遭不測，熊廷弼的傳首九邊，袁崇煥的被誤殺，長城盡頹，明社遂屋，是令千古的人，喟然太息，涕淚交馳的。

　　皇帝不赴內閣親視政務，令閣臣票擬，在內寢，批紅也由太監代之；所以明代的司禮監，權在宰輔之上，宦官因此逐漸跋扈。閣臣想把握政權，便得交結內監。魏忠賢之亂不過是惡果的一類型而已。

　　明太祖看見前代宦官的禍患，曾設法杜絕。可是明成祖奪取帝位，曾得宦官的幫忙，所以特別倚重宦官，差三寶太監到海外來，負經略全責，便是明顯的例子，明太祖眞是枉費心機了。

　　明太祖用嚴刑峻法來馭下，挫折了一代的士氣。胡惟庸之獄。株連被誅的達三萬餘人，藍玉之獄。株連被誅的達一萬五千餘人。高青丘以「小犬隔花空吠影，夜深宮禁有誰來」詩句，被太祖所殺，方孝孺以「燕王簒位」一言，遭成祖夷「十」族，坐死的八百四十七人。

　　至於杖辱廷臣的慘酷，更是有史以來所僅見的。魏禧言：「每廷杖，必遣大璫監視，衆官朱衣陪列。左中使，右錦衣衛，各三十員，下列旗校百人，皆衣襞衣，執木棍。宣讀畢，一人持麻布兜，自肩以下束之，左右不得動，一人縛其兩足，四面牽曳，惟露股受

杖，頭面觸地，地塵滿口中，受杖者多死，不死者必去敗肉斗許，醫治數月乃瘥。」（見錢穆國史大綱四七七面）

因此明代的士大夫可分三類：第一類是熱中人，嚴嵩，高拱，張居正之流便是，第二類是愚忠者，如葉作巨、楊繼盛、左光斗等便是，第三類便是以「混跡無聞爲福，受玷不錄爲幸」的了。

明代用八股文取士。顧炎武說：「八股之害，等於焚書，而敗壞人才，有甚於咸陽之坑。」王仲瞿也有「文不能華人國……一代文章明八股」的詩句。

看了這些史實，使我們覺得歷代家天下的君主，用心是如何地周密酷毒了，而尤以明代爲最。古聖王惻隱愛人之心之法，已蕩然無具了！

## 明代的遺老

清初的明代遺老可分三類：逃入空門者，寄託於書籍、文章、山水者，出仕新朝者。

吳梅村集中有不少贈方外之士的篇什，如卷一「贈蒼雪」中有云：「即今四海內，道路多豺虎，師於高座上，瓣香祝君父」。吳翌鳳箋注引蘇州府志：「讀徹字蒼雪，滇南呈貢趙氏子。」又引王士正池北偶談：「南蒼雪法師居吳之中，貫徹教典，尤以詩名。」可知一些遁空的遺老在高座上，仍不忘君父。東瀛流傳吳梅村的佚詩三律，其第一首云：

> 白髮禪僧到講堂　衲衣錫杖拜先皇
> 半杯松葉長陵飯　一炷沉煙枕廟香
> 有恨江山空歲改　無情鶯燕又春忙
> 欲知遺老傷心事　月下鐘樓照萬方

這首詩可做前面「瓣香祝君父」的註。

又梅村集卷一贈顧雲師幷序云:「顧雲二十而與予遊。甲申聞變,嘗相約入山。予牽帥不果,而師已悟道,受法於雲門具和尚。……世法夢幻,惟出世大事,乃爲實眞學道一著……因作此詩贈之,且識予愧也。」詩中有「末運初迍邅,達人先大覺」句。──這是明代遺老的第一種。

南朝政權相繼覆亡之後,抗清的遺老有一部份知道大局已定,但仍不肯出仕新朝,而以書籍、文章、山水自遣。顧亭林、顏習齋,痛恨明廷的腐敗,士人不務實學,只習八股文以干榮祿,或遊談無根,以致有十顏孔,不能救宗社之覆亡,乃起而提倡講求經濟濟民之學。顧炎武「生平精力絕人,自少至老,無一刻離書。所至之地,以二羸馬載書。遇邊塞亭障,呼老兵卒,詢曲折。有與平日所聞不合,即發書對勘。或平原大野,則於鞍上默誦諸經注疏。」(清史儒林傳下之一:顧炎武)。他身伴常帶剪刀及繩子各一,遇清廷徵召,即說:「刀繩俱在,勿速我死!」所著的日知錄即講求經學之結晶,至天下郡國利病書,乃係遨遊全國,遍察山川大勢,待一旦時機再來,知道怎樣指揮愛國之士反攻。又如李二曲亦曾絕食七日,引刀自刺,以卻清廷之禮聘,而以講學,勵苦節終其身。黃宗羲抗清失敗後,即埋頭著書,明儒學案是中國第一部的斷代哲學史,宋元學案及明史,也都是他心血的結晶,經門人及其子加工輯成的。

吳梅村贈孫徵君鐘元(奇逢)詩有云:「顧視同輩誰能知,十人五人居要樞?拖金橫玉當朝趨。今我不第胡爲乎?有田一廛書百廚,雞泉馬水吾歸歟?七徵不起乘柴車。……」(梅村集卷五)。孫奇逢也是顧、顏、李、黃的流亞。他們的影響,使有清一代的學術走上踏實,該博之路。

文章家如魏禧,棲隱在翠微中,雖說是避世亂,沒有忘家國。

大鐵椎傳和陸游一首七古有同樣的寓意。陸游的那首詩，我已忘了，但記得它是寫一個地方有一隻吊睛白額的猛虎出來咬人，十分可怕，那地方的人正無計可施之際，突然來了一位奇人，他跑到山上，把那隻虎打死，紓了那地方的虎患。陸游寫到這裡，再加上按語說：如果能夠得到這樣的勇士，來爲國家效力，那麼，中原是可以恢復的。魏叔子大鐵椎傳的寓意也是如此。

詩人如粵人陳恭尹便是不肯附清者的代表。他有一首律詩，很能寫出歷史的動態：茲錄如下：

> 虎跡蒼茫霸業沉　古時山色尚陰陰
> 半樓月影千家笛　萬里天涯一夜砧
> 南國干戈征士淚　西風刀剪美人心
> 市中亦有吹簫客　乞食吳門秋又深

前代英雄留了蒼茫的虎跡，「千家笛」「一夜砧」說明目前英雄的維繫力，「南國干戈」「西風刀剪」說明有些英雄即將下臺，「乞食吳門」的「吹簫客」便是即將爬上歷舞臺的新英雄了。

至於出仕新朝的士人，可用錢謙益做代表。謙益才大而無行，其詩可起宋元明之衰。他在獄中有一首當家書的律詩，茲錄如下：

> 良友冥冥恨夜臺　寡妻稚子尺書來
> 平生何限彈冠意　死後空餘掛劍哀
> 千載汗青終有日　十年碧血未成灰
> 白頭老淚西窗下　寂寞封題一雁回

好像他的出仕新朝是別有用心呢！

有人說王士禎少時曾有一首秋江獨釣的詩：

> 一簑一笠一扁舟　一丈綸絲一寸鈎
> 一曲高歌一樽酒　一人獨釣一江秋

這首詩給明代遺老看了，便仿他的體裁寫了一首絕詩嘲他：

　　　滿洲紗帽滿洲頭　　滿面風光滿面羞
　　　滿眼胡兒滿眼淚　　滿腔心事滿腔愁
這傳說或未可信。

　　吳梅村和錢謙益一樣出仕新朝，但並非出於他的初衷。東瀛流
傳吳氏佚詩還有二律：

一、甲申涼氣可悲哉　　幾度東風長綠苔
　　擾擾十年陵谷變　　寥寥七日道場開
　　剖肝義士沉滄海　　嘗膽王孫葬劫灰
　　誰助老僧清夜哭　　只應猿鶴與同哀

二、十載間關多苦辛　　汨羅江上憶孤臣
　　王孫去國餘三戶　　公子從亡只五人
　　報主有心爭赤壁　　取兵無計聽黃巾
　　誰知招屈亭前水　　猶是當年白馬津

　　同是出仕新朝，錢謙益和吳梅村的情形完全不同。錢謙益出迎
清兵，吳梅村則是因雙親的命令，不得不應徵的。

# 一代詩史

　　詩人一向可分兩派，用李白和杜甫做代表。李白的情感和杜甫
的情感不同：李白不滯於物，具有莊子的境界：杜甫作繭自縛，具
有屈原的境界。中國的士大夫一向有二重人格：在年青時代，常有
屈原，杜甫這樣的熱情，到老年，常有莊子，李白那樣的超脫。大
抵年青時代的心情是熱的，年老時代的心腸已冷且硬了──，這當
然不是莊子、李白的心腸，不過表現出來的人生態度相似而已。

　　和屈原、杜甫相類的像阮籍、庾信，和莊子、李白相近的像嵇
康、陶潛。

　　阮籍的外表有點像莊子，但骨子裡明明是屈原。他的生活方式

是嘻笑怒罵，玩世不恭的，但他的詩歌像杜鵑那樣地泣血。現在我
們看吳梅村也正如此：他在明清易代的時候，和阮籍生在魏晉易代
的情形正相似。阮籍歷事二朝，梅村也入貳臣傳中。阮籍爲世變滄
桑而勞勞歌哭，梅村也爲亡國之痛而嘔盡心肝。他們對時運的傾頹
都是無能爲力的，但總不能學陶淵明的漠不關心，也不能效文天祥
的死節。在這點看來，梅村和阮籍完全相同。

　　四庫提要：「國朝吳偉業……其少作大抵才華豔發，吐納風流，
有藻思綺合，清麗芊眠之致。及乎遭逢喪亂，閱歷興亡，激楚蒼
涼，風骨彌爲遒上。暮年蕭瑟，論者以庾信方之。……」杜工部對
庾信的批評是這樣：「庾信平生最蕭瑟，暮年詩賦動江關。」「庾信
文章老更成，凌雲健筆意縱橫。」原來這道理是杜工部在安史之亂
中才悟出來的。本來庾信在南朝，不過和徐陵同儕，名且在其下，
一時人稱徐庾。可是庾信羈旅北周之際，梁社已屋：「天道周星，
物極不返！」使他寫出哀江南賦那樣的千古鉅製，小園賦那樣的空
靈幽怨，怎樣不會驚動江關呢？清代的逐臣吳兆騫爲同病的孫赤崖
作詩序亦說：「劉越石棲遑於河朔，詩體清剛；庾子山流滯于關中，
賦才宏麗！」時代給時人帶來了不幸，爲學術文化開出絕特之花，
也使詩人本身的生命，煥出發皇萬狀的奇觀來。梅村的詩才，經喪
亂之後，「風骨彌爲遒上」，這是他和庾子山相似之點。

　　然而梅村的成就不只是身世像阮嗣宗，成功的路像庾子山，而
是他有一點和杜工部相同的成就——詩史。杜工部的超凡入聖，是
他「極高明」的地方，所以人家稱他詩聖，杜工部的描寫社會，刻
劃喪亂的圖像，是他「道中庸」的地方，所以人家稱他爲詩史。梅
村雖然沒有他詩聖的品質，卻有他詩史的表現。四庫提要說：「其
中歌行一體，尤所擅長。格律本乎四傑，而情爲深，敘述類乎香
山，而風華爲勝。協宮商，感均頑豔，一時尤稱絕調……」所謂

「格律本乎四傑，情爲深」，正是杜工部的格律。唐詩之格律始於四傑，而杜工部集其大成。梅村的情比四傑爲深，所謂「敘述類乎香山，而風華爲勝」，原來是指梅村的「圓圓曲」和白香山的「長恨歌」的敘事相類罷了。事實上長恨歌、琵琶行二首，在白香山詩集中是「變風」，絕不是他的代表作，他的代表作是老嫗能懂的賣炭翁、燕歌、慈烏詩，凶宅之類。所以四庫提要說梅村的風華勝過白香山。我認爲不如說他的敘事像杜工部較對。杜工部的「讀書破萬卷，下筆如有神。」是表明他功力的到家：讀到杜詩註的，沒有人不知道杜公是字字有來歷的。清史說梅村的「學問淵深，器宇凝宏，」（清史貳臣傳乙）正和杜公相似。他的詩也是字字有來歷的──特別是在明清易代之際，有兩種原因使他不得效法白香山的敘事：一怕賈禍，一因良心的不安，使他要走上典切之路。杜工部的感情深摯，「纏綿盜賊際，」「晚節暫於詩律細，」正是梅村「暮年蕭索，協宮商」之類型。

# 史詩舉隅

## 甲　描寫明廷的腐敗

㈠臨江參軍── 這首歌行是藉他忠貞敢諫的朋友楊廷麟和殉國的盧象昇來襯托出崇禎皇帝雖「非甚暗」，卻受四周「亡國之臣」所包圍，而貽誤國家大局。楊廷麟字伯祥，江西清江人，崇禎四年進士，十一年以翰林改兵部職方主事，贊畫盧象昇軍事。盧象昇字建斗，宜興人，天啓二年進士，崇禎十一年進兵部尚書，三賜方劍，督天下援兵。清兵三路南下，象昇由涿進據保定，命諸將分道出擊，大戰於慶都。那時楊嗣昌奪情中樞，主和議，與象昇不合。廷麟與象昇原不相識，竟發憤拜疏，乞斬嗣昌，因此激起崇禎帝的怒氣，出廷麟爲兵部主事，參贊督軍。後來嗣昌使象昇孤軍出塞，

絕其糧餉。象昇以五千兵與清兵戰於蒿水橋，被圍三十重，身中四矢三刃而死，年僅三十九。這消息傳到明廷，嗣昌反詭說象昇是投降了清兵，凡言象昇殉國的，都被極刑掠治，象昇的屍體，在死後五十七日，還不敢殮。茲摘錄梅村詩句如下：

> 臨江顏參軍，負性何貞烈。上書請賜對，高語爭得失：左右爲流汗，天子知其直（言楊廷麟之質直）。……將相有纖介，中外爲危慄。君拜極言疏，夜半片紙出（言嗣昌和象昇不合，廷麟請斬嗣昌）。……先是在軍中，我師已孔亟。剿略斬亂兵，掩面對之泣。我法爲三軍，汝實飢寒極。諸營勢潰亡，群公意敦逼。公獨顧而笑，我死則塞責。……作書與兒子，勿復收吾骨（言象昇及其孤軍的窘境，並其殉國之決心）……是夜所乘馬，嘶鳴氣蕭瑟。椎鼓鼓聲哀、拔刀刀芒澀。……當時諸將帥，揮戈誓深入。日莫箭鏃盡，左右刀鋌集。帳下勸之走，叱謂吾死國（這是驚天地，泣鬼神的一幕慘烈犧牲的戰役）！……詔下詰死狀，疏成紙爲濕，引義太激昂，見者憂讒疾（這是說朝廷不信象昇已殉國的！）……

念了這首史詩，便明白熊廷弼的能不得展，傳首九道，袁崇煥的慘遭反間，長城以壞，是同出於一轍的！你想：明朝不亡，還有天理嗎？（清王仲瞿對這件史事也有同樣的吟詠）

㈡東萊行── 山東萊陽姜如農，如須兄弟齊名，一時人稱二姜。兄弟先後在崇禎辛未，庚辰登進士第。周延儒任首輔，廣引清流，言路蠭起，忌的人便造二十四氣之說，指朝士二十四人，達於帝前。帝下詔，戒百官，痛責言路。先是給事中方士亮論密雲巡撫王繼謨不能勝任，保定參政錢天錫，因貪緣給事中楊枝起、廖國遴，以屬延儒，延推等語。遂得俞旨。這時崇禎帝下詔責言路，剛剛有「代人規卸，爲人出缺」語，原是指廷臣積習（明末的廷議，

非常紛亂，因此有正論也不能著現）而告誠他們的，不是爲天錫之事而發的。姜如農探詢不清楚，以爲崇禎帝是指此而發的，便倉猝拜疏，反覆詰難，好像深深懷疑皇帝呢。崇禎帝大怒，下詔獄考訊。幷密令錦衣衛潛殺之於獄中。未果，移刑部定罪，部擬遣戍，帝怒還未消，帶如農至午門，杖一百（依姜宸英明刑法誌說：凡受杖的人，用繩子縛住兩腕，穿囚服綁赴午門外，每入一門，門扇遂闔。到了行刑的地方，列校百人，穿襞衣，執木棍站著。司禮的太監宣讀駕帖之後，便坐在午門西墀的左邊，錦衣衛坐在右邊。其下面穿緋衣的幾十人便忙了一陣，把囚犯縛定了。左右大聲喊：「閣棍」！便有一人持棍出閣，按在囚犯的股上。喝：「打」！即行杖。打一杖，便喝：「著實打！」如果知道皇上的心意是很生氣的，便喝：「用心打！」那麼囚犯便沒有活的希望了！打五杖，換一個人，喝聲像從前一樣。每喝一聲，環列的人都出聲應和，喊聲震動天地，聽見的人，都股慄。—— 這段可和上面魏禧所講述的相參證）摘戍宣州衛。姜如農被打後已死，其弟用口溺灌之才醒。茲摘錄原詩如下：

> 君家兄弟俱承恩，感時危涕長安門。侍中叩合數彊諫，上書對仗彈平津，天顏不擇要人怨，衛尉捉頭捽下殿。中旨傳呼赤棒來，血裏朝衫路人看。……頭顱雖在故人憐，髀肉猶爲舊君痛……

㈢鴛鴦湖—— 鴛鴦湖的主人叫吳昌時，是明末的吏部。他家居時，極盡聲伎歌舞的快樂。在朝裡爲周延儒首輔所信任，他有幹才，可是也很驕傲，同朝的人都恨他。崇禎十六年六月，延儒歸里。西臺蔣拱宸疏糾昌時，和延儒朋比爲奸，招權納賄，贓私鉅萬。七月廿五日，帝御文華殿，親自審問，昌時受銅夾夾折了脛骨，一一承認。帝憤恨氣塞，拍案歎息，推翻案桌，迅爾回宮。至

十二月初七月五更，昌時棄市。延儒也賜自盡。茲摘錄原詩如下：

> 鴛鴦湖畔草粘天，二月春深好放船。柳葉亂飄千尺雨，桃花
> 斜帶一溪煙。煙雨迷離不知處，舊堤卻認門前樹。樹上流鶯
> 三兩聲，十年此地扁舟住。主人愛客錦筵開，水閣風吹笑語
> 來。畫鼓隊催桃葉伎，玉簫聲出柘枝臺。輕鬟窄袖嬌妝束，
> 脆管繁弦競相逐。雲鬟子弟按霓裳，雪面參軍舞鷓鴣。酒盡移
> 船曲榭西，滿湖燈火醉人歸。朝來別奏新翻曲，更出紅妝向
> 柳堤。歡樂朝朝兼暮暮，七貴三公何足數？十幅蒲帆幾尺
> 風，吹君直上長安路。長安富貴玉驄驕，侍女熏香護早朝。
> 分付南湖舊花柳，好留煙月伴歸橈。那知轉眼浮生夢，蕭蕭
> 日影悲風動。中散彈琴竟未終，山公啓事成何用？東市朝衣
> 一旦休！北邙坯土亦難留。白陽尚作他人樹，紅粉知非舊日
> 樓。烽火名園竄狐兔，畫閣偏窺老兵怒。寧使當時沒縣官，
> 不堪朝市都非故。我來倚棹向湖邊，煙雨臺空位惘然，芳草
> 乍疑歌扇綠，落英錯誤舞衣鮮！人生苦樂皆陳跡，年去年來
> 堪痛惜。聞笛休嗟石季倫，銜杯且效陶彭澤。君不見白浪掀
> 天一葉危，收竿還怕輾船遲。世人無限風波苦，輸與江湖釣
> 叟知！

## 乙　幾個歷史女性的刻畫

㈠永和宮詞—— 是一首叙述崇禎帝寵妃田氏的詩。陳維崧婦人
集：「明思宗田妃，維揚人，性明惠，沉默寡言笑，最得帝寵，吳
偉業永和宮詞曰：『貴妃明惠獨承恩。』—— 甲申李賊入燕，妃先一
年薨。」吳翌鳳注：「永和宮，初名永安宮，在東西二長街之東。」

這位田貴妃，原籍西安，世居揚州。不但慧中秀外，而且懂得
先意希旨，每和帝對奕，常故意輸二三子，事實她的棋比崇禎帝實
高一著。宮中喜歡蹴踘的遊戲，田貴妃玩來，風度安雅，其他的宮

婦都比不上。她善寫生，曾畫一幅群芳圖獻給崇禎帝，帝把玩不忍釋手。其書法得鍾王遺意，入宮後，得禁本祕帖臨摹之，竟成一二流的書家，崇禎帝每命她題書畫。善騎馬，姿容既妙，回策如縈。更能吹簫，每演奏，帝必加意激賞。她因此極爲驕傲，爲其他后妃所妬。她的父親田宏遇也像唐代楊國忠一樣，深得皇恩。後來崇禎帝看見田宏遇的驕橫，戒貴妃說：「祖宗家法很嚴，你不知道嗎？禍要到達你的家了！」貴妃嚇了起來，轉戒其家說：「皇帝如再發怒，我便要自殺了！」田宏遇才稍歛跡。田貴妃因得罪皇后，且常爲外家乞恩澤，得罪，謫居啓祥宮省愆。許久帝才息怒。崇禎十五年七月十六日妃病死乾清宮。明年，李賊陷京師，遷帝后梓宮於昌平縣。昌平人挖了田貴妃的墓來葬后。茲摘錄原詩如下：

> 揚州明月杜陵花，夾道香塵迎麗華，舊宅江都飛燕幷，新候關內武安家。雅步纖腰初召入，鈿合金釵定情日，豐容盛鬋固無雙，蹴踘彈棋復第一，上林花鳥寫生綃，禁本鍾王點素毫，楊柳風微春試馬，梧桐露冷莫吹簫。君王宵旰無歡思，宮門夜半傳封事，玉几金床少晏眠，陳娥衛艷誰頻倚？貴妃明慧獨承恩，宜笑宜愁對至尊，皓齒不呈微素問，蛾眉欲蹙又溫存……往還苟失兩宮歡，雖云樊嫕能辭令……，請罪長教聖主憐，含辭欲得君王愠，君王內顧惜傾城，故劍還存敵體恩。手詔玉人蒙詰問，自來階下拭淚痕，外家官拜金吾尉，平生游俠多輕利。縛客因催博進錢，當筵便殺彈箏伎！……從此君王慘不樂，叢臺置酒風蕭索。已報河南失數州，況經少子傷零落！貴妃瘦損坐匡床，慵髻啼眉掩洞房。豆蔻湯溫冰簟冷，荔枝漿熱玉魚涼。病不經秋淚沾臆，裴回自絕君王鄣。……宮草明年戰骨腥，當時莫向西陵哭……不須銅雀怨興亡，自古豪華如轉燭！……昭丘松檟北風哀，南內春

深擁夜來，莫奏霓裳天寶曲，景陽宮幷落秋槐。

㈡簫史青門曲—— 是一首傷悼崇禎帝的皇后公主之詩。明史公主傳：「長平公主，莊烈帝女。年十六，選周顯尙主，將婚，以寇警暫停。城陷，帝入壽陵宮。主牽衣哭，帝曰：「汝何故生我家?」以劍揮斫之，斷左臂。越五日復甦。大淸順治二年，上書言：「九死臣妾，踢蹐高天，願髡首空門，稍伸罔極。」詔不許。命顯復尙主，土田邸第，金錢車馬，錫予有加。主涕泣踰年，病卒。賜葬廣寧門外。」陳維崧婦人集引孫承澤春明夢餘錄曰：「公主名徽娖，明思宗女，周皇后產也。」又引張宸長平公主誄曰：「當扶桑上仙之日，距稦李下嫁之年，星燧初周，芳華未歇。」茲摘錄原詩如下：

> 簫史青門望明月，碧鸞尾掃銀河闊。好疇樓臺白草荒，扶風邸舍黃塵沒。當年故后婕好家，槐市無人噪晚鴉。卻憶沁園公主第，春鶯啼殺上陽花……百兩車來塡紫陌，千金櫺送出雕房。紅窗小院調鸚鵡，翠管繁箏叫鳳凰。……灼灼夭桃共穠李，兩家姐妹驕紈綺……萬事榮華有消歇，樂安一病音容沒。長平嬌小最堪憐，青萍血碧它生果……先后傳呼喚捲簾，貴妃笑折櫻桃倦。玉階露冷出宮門，御溝春水流花片。……只見天上瓊樓夜，烏鵲年年花自飛！

㈢圓圓曲—— 陸次雲陳圓圓傳：「圓圓陳姓，玉峰歌妓也。聲色俱麗。崇禎癸未，總兵吳三桂慕其名，賷千金往聘之。已先爲田畹所得。田畹者，即懷宗妃之父也。甲申春，流氛大熾，懷宗憂廢寢食。妃謀所以解帝憂者於父，畹乃以圓圓進，圓圓掃眉而入，冀邀一顧，帝穆然也。旋命之歸畹第，時闖賊將逼畿輔矣。帝亟召三桂對平臺。畹憂甚，圓圓曰：「當世亂而公無所依，禍必至，曷不締交於吳將軍？……」畹從之。玉邃室……一澹妝者，統諸美而先衆音，情艷意嬌，三桂不覺其神移心蕩也。顧謂畹曰：「此非所謂

圓圓耶？……」圓圓至席，吳語曰：「卿樂甚？」圓圓曰：「紅拂尚不樂越公，矧不逮越公者邪？」吳頷之。酣酒間，警報踵至。畹前席曰：「寇至矣，將奈何？」吳遽曰：「能以圓圓見贈，吾保公先於保國也。」畹勉許之。……帝促三桂出關，留圓圓府第，勿令往。三桂去而闖賊旋拔城矣。懷宗死社稷。是時驤（三桂父）方降，闖即索圓圓，具籍其家，而命其作書招子。三桂得父書，欣然受命矣，而一偵者至。曰：「吾家無恙耶？」曰：「為闖籍矣！」曰：「吾至當自還也。」又一偵者至。曰：「吾父無恙耶？」曰：「為闖拘係矣！」曰：「吾至當即釋也。」又一偵者至。曰：「陳夫人無恙耶？」曰：「為闖得之矣！」三桂拔劍斫案曰：「果有是，吾從若耶！」因作書答父：誓不俱生。……遂乞王師……。」

　　圓圓曲是一首家喻戶曉的歌行，無煩摘錄。據稱中之「慟哭六軍俱縞素，衝冠一怒為紅顏，」吳三桂曾要用十萬兩的代價請梅村改掉。或言吳三桂欲請其塗掉的是：「快馬健兒無限恨，天教紅粉定燕山！」未審孰是？

　　㈣臨淮老妓行——　尤侗宮閨小名錄：「冬兒，劉東平歌妓，吳梅村作臨淮老妓行。」陳維崧婦人集：「臨淮老妓，某戚畹府中淨持也，後為東平侯女教師。」劉原為豪門家奴，從軍後積功為總兵。福王立於金陵，以之為藩伯，開府淮陰。尾大不掉，威福自擅，如永曆帝所依的張獻忠賊孫可望一樣。梅村詩云：「臨淮將軍擅開府，不鬥身彊鬥歌舞。白骨何如棄戰場，青蛾已自成灰土。老大猶存一妓師，柘枝記得開元譜。……可憐西風怒，吹折山陽樹！將軍自撤沿淮戍……金谷田園化作塵，綠珠子弟更無人。楚州月落清江冷，長笛聲聲欲斷魂！」讀了這首詩，對陳維崧婦人集中所云：「甲申京師失守，侯欲偵兩宮消息：而賊騎充斥，麾下無一人肯行。妓奮然曰：『身在給事戚畹邸中久，宜往！』遂易韉鞴，持匕首，間關

數千里，穿賊壘而過！」便要生出無限的感慨，明代的社稷，壞在霹靂將軍之手，反是幾個女子，像費宮人之流，能夠表現出一點愛國愛主的精神呢！

㈤董白── 陳維崧婦人集：「秦淮名姬名白，字小宛，才色擅一時，後歸如皋冒襄。明秀溫惠，居艷月樓。集古今閨幃軼事，薈爲一書，名曰奩艷。後夭死，葬影梅痷旁。」或言董小白即董鄂妃，雖無根據，然梅村詠董白像之第八首云：

> 江城細語碧桃村　寒食東風杜宇魂
>
> 欲弔薛濤憐夢斷　墓門深更阻侯門

其末句引人懷疑係指小白入宮而言者。其古意第六首也有「掌上珊瑚憐不得，敎移作上陽花」句，有人言亦係暗射此事。

### 丙　為民間疾苦而歌哭

㈠蕪城行── 董含三岡志略：「馬逢知，起家群盜，由浙移鎭雲間。貪橫僭侈，民殷實者，械至倒懸之，以醋灌鼻，人不堪，無不傾其所有，死者無算！復廣佔民廬，縱兵四出劫掠……當逢知之覲也，珍寶二十餘船，金銀數百萬，他物不可勝計。……」梅村此詩雖非正面暢叙民間疾苦，可從側面去看亂離中人民的處境：「千箱布帛運輜車，百萬魚鹽充邸閣。將軍一一數高貲，下令搜索徧墟落，非爲仇家告幷兼，即稱盜賊通囊橐。……拔劍公收五伯妻。鳴髇射殺良家子。……枉破城南十萬家，養士何無一人死? ……」

㈡馬草行── 茲摘錄詩句如下：

> 「……十家早破產中人……黃金絡頸馬肥死，忍令百姓愁飢寒。……

㈢蘆洲行── 是一首豪門和受蹂躪的百姓的對照圖。詩云：

> 「……子孫萬石未云酬，西山詔許開媒冶。……金戈鐵馬過江來，朱門大第誰能顧? ……排年賠累是重糧。……徒起再

科民力盡，卻虧全課國租輕。詔書昨下知民病，解頭使用今朝定。早破城中數百家，蘆田白售無人問！休嗟百姓困誅求，顛頇今看舊五侯。只好負薪煨馬矢，敢誰伐荻上漁舟？君不見舊洲已沒新洲出，黃蘆收盡江潮白。萬束千車運入城，草場馬廐如山積。樵蘇猶向鍾山去，軍中日日燒陵樹。」

㈣董山兒　詩云：

董山兒，兒生不識亂與離。父言急去牽兒衣，母言急去為兒炊作糜。父母忽不見，但見長風白浪高崔嵬！將軍一下令，軍中那得聞兒啼？樓船何高高，沙岸多崩摧。榜人不能移，舉手推墜之。上有蒲與萑，下有潯與泥，十步九倒迷東西，身無袴襦，足穿蒺藜。叩頭指口惟言飢，將船送兒去。問以鄉里，記憶猶依稀，父兮母兮哭相認，聲音雖是形骸非。旁有一老翁，羨兒獨來歸。不知我兒何處餧遊魚，或經販賣遭鞭笞？垂頭泣下何纍纍！吾欲竟此曲，此曲哀且悲，茫茫海內風塵飛，一身不自保，生兒欲何為？君不見董山兒！

吳注引集覽程箋：「乙酉，官兵入浙，縱肆淫掠。總鎮聞之，梟示數十人。令搜各船婦女，給還本夫。兵士畏法，遂以其所掠者沉之江。」

以上所舉的例子，不過是隨手錄來而已，掛一漏萬。可惜他於清兵入關之後，逼於勢而出仕新朝。大概是怕罹法網，沒有多大暴露清兵南下的情形：像楊州十日，嘉定屠城等慘劇，否則將會叫我們增加多少的千古興亡恨呢！

# 蓋棺定論

中國詩史上在杜工部以後，還有一位藝術手法到了登峰造極，對後世的詩壇，有絕大影響的詩宗，他就是李義山。詩到了他，變

化已盡，無以復加了，所以晚唐、五季，詞便代興了——這是每一個研究文學史的人都知道的。梅村除有了杜工部詩史的品質，還有了李商隱側艷、淒迷的品質——純粹詩人，或唯美詩人的品質。

梅村沒有杜甫沈鬱旁薄的大氣魄，是我們不必替他護短的。可是他的藝術手法的純熟，情思的纏綿優美，的確可和晚唐第一流大作手李商隱比肩。

前年得斤役教授來簡，中有論及義山與梅村相似之點者，茲錄如下：

> 吳偉業：做人比較拘謹，連「逃世」的醇酒婦人也不敢沾染。有一女人叫卞玉京（賽賽）者，對他起了單戀，梅村只好在詩中傳遞他對她的情感。他模仿李義山的無題：

> 來自空言去絕蹤　月斜樓上五更鐘
> 夢爲遠別啼難喚　書被摧成墨未濃
> 蠟照半籠金翡翠　麝薰微度繡芙蓉
> 劉郎已恨蓬山遠　更隔蓬山幾萬重

> 改作琹河感舊七律第四首說：

> 長向東風問畫欄　玉人微歎倚欄干
> 乍抛錦瑟描難就　小疊瓊箋墨未乾
> 弱葉難舒添午倦　嫩芽嬌染怯春寒
> 書成粉篋憑誰寄　多恐蕭郎不忍看

> 又把李義山另一首無題：

> 重帷深下莫愁堂　臥後清宵細細長
> 神女生涯原是夢　小姑居處本無郎
> 風波不信菱枝弱　月露誰教桂葉香
> 直道相思了無益　未妨惆悵是清狂

> 改作琹河感情七律第三首：

休將消息恨層城　猶有羅敷未嫁情

車過捲簾勞悵望　夢來攜袖費逢迎

青衫顦顇頊卿憐我　紅粉飄零我憶卿

記得橫塘秋夜好　玉釵恩重是前生

只拿一兩首來對照，已可以找出模仿的蛛絲馬跡了。

虞山瞿氏有個才女嫁給癆病的錢生，夫婦的感情因此不好。瞿女屬意梅村，扁舟投詩自薦。梅村不敢接受她的情意，設飲河岸，撰無題詩四首送給她。她以後改嫁石仲。這四首無題詩也都是從李義山的詩句脫胎出來的，幷舉出一首和李義山的對照一下：

悵臥新春白袷衣　白門寥落意多違

紅樓隔雨相望冷　珠箔燈飄獨自歸

遠路應悲春晼晚　殘宵猶得夢依稀

玉璫緘札何由達　萬里雲羅一雁飛

梅村改作：

繫艇垂楊映綠潯　玉人湘管畫簾深

千絲碧耦玲瓏腕　一卷芭蕉展轉心

題罷紅樓歌緩緩　聽來青鳥信沈沈

天涯卻有黃姑恨　吹入蕭郎此夜吟

此外一兩句的改作也深得義山神味：

扇裁月魄羞難掩　車走雷聲語未通（義山）

身無綵鳳雙飛翼　心有靈犀一點通（義山）

鏡因硯近螺頻換　書爲香多蠹不成（梅村）

但是梅村的模仿，終比不上義山的創作。

錄了斥役教授的這段短文，目的要使讀者明白梅村詩的藝術手法，確係從李義山來的，只是他的生活沒有義山那麼浪漫罷了。由藝術的手腕來看，他或未及義山，但因有亡國之痛，感慨自然比義

山為大的。

梅村出自崑山名族，五世祖凱曾做禮部主事，高祖愈做過河南的參政，祖議，父琨，均官至大夫少詹事。少慧而多病。好三史，曾私淑復社張溥。張溥奇其才。年二十補諸生，不到一年便中舉人，崇禎辛未年會試第一，殿試第二，張溥鄉會都和他同榜。在官時極質直，每干當道。黃道周以忠正遇禍，梅村等為他訟冤，竟干上怒，幾罹法網。甲申變後，號慟欲自縊，為其母泣勸乃止。南中召拜少詹加一級，因和馬士英阮大鋮等奸人不合，且知事已不可為，乃拂衣歸。清世祖時，因經不起有司的敦逼，和二親的涕泣辦嚴，乃扶病入都，授祕書院侍講，國子監祭酒。間一歲，奉嗣母喪南還，便不再出。性愛山水，喜獎掖後進，或罹不應得的禍患，不管認識不認識，都設法營救。博極群書，尤擅書法。於康熙辛亥十二月二十四日卒，年六十三，遺囑要歛以僧裝，墓前立一圓石，題曰：「詩人吳梅村之墓。」（這是根據崑山顧湄所撰的行狀而言者）從這裡可看出他的品格不但和義山的浪漫不同，即和其他出仕新朝的遺老也大異其趣。請看他的絕命詩罷：

> 忍死偷生廿載餘　而今罪孽怎消除
> 受恩欠債須填補　縱比鴻毛也不如

還有在病中做的賀新郎一首說：

> 萬事催黃髮。論龔生，天年竟天，高名難就。吾病難將藥治，耿耿胸中熱。待灑向西風吹殘月。剖卻心肝今置地，問華陀解我腸千結。追往恨，倍淒咽！故人慨慷多奇節。為當年沉吟不斷，草間偷活。艾灸眉頭瓜噴鼻，今日須難決絕。早患苦重來十疊。脫屣妻孥非易事，竟一錢不值何須說。人世幾圓缺。

這樣的內疚和一些人的裝腔作勢大相同！

　　梅村有行路難十八首，歷引史事極言走人生道路的艱難：「人生太行起面前，何必褒斜棧閣崎嶇高」！是的，世路實在太崎嶇了，像他的品格算是相當高潔了，因環境的煎迫，忠孝不能兩全，而有「平生所欠惟一死，人世無由借九還，我本淮南舊雞犬，不隨仙去落人間」之痛。

　　　　　七月十二日　黃昏脫稿（新聞副刊，菲華文聯季刊）

# 重譯「創造之歌」

　　讀唐君毅先生所譯「創造之歌」，平韻仄韻雜出，「靑」「侵」淆混，「刪」「庚」不分，文詞瑕瑜互見，核以原意，亦有未安者。茲錄唐氏「創造之歌（試譯）」全文如下：

　　近來閱讀西文印度哲學書若干種，對梨俱吠陀中之數首哲學詩，覺甚有味。其創造之歌一首，由 Mcdoneil 譯爲英文。經載入 Radhkrihnan 及 C. A. Moore 之印度哲學選集中。日人高楠順次郎及木村泰賢所編之印度哲學宗敎史，另據梵文翻譯。由高觀盧重譯爲中文，糜文開先生于其印度三大聖典中，亦有一翻譯，似亦據英文重譯。愚讀後意皆不甚愜。乃據 Mcdoneil 之英譯試以韻語重譯如次。茲錄於下，以俟讀者之敎。

　　㈠惟時無旣無，亦復無所有。廖廓無元氣，隱約無蒼穹。伊誰藏在裡？伊誰作護詩？淵淵深不盡，探測果何爲？

　　　　1.Non being then existed, not nor being：

　　　　There was no air, nor sky that is beyoned it.

　　　　What was concealed? Wherein? In Whose protection?

　　　　And was there deep unfathomable water?

　　㈡惟時無死亡，亦復無永生。黑夜與白晝，未兆更何分？太一自呼吸，天風不可尋。彼自超然在，彼外復何存？

　　　　2.Death then existed not nor life immortal；

　　　　Of neither night nor day was any token.

　　　　By its inherent force the One breathed windless.

No other thing than that beyond existed.

㈢「玄冥」隱何處？隱處亦玄冥。洪波無涯畔，是名爲滄溟。萬物化欲作，還被虛空覆。煦煦一陽生，太一從茲出。

3.Darkness there was at first by darkness hidden；

Without distinctive marks， this all was water.

That which， becoming， by the void was covered，

That One by force of heat come into being.

㈣太一在太初，倏忽生塵欲。塵欲爲始種，思慮由之育。聖者發睿智，自探其衷曲。昭然有所見：「有無原相索」。

4.Desire entered the One in the beginning：

It was the earliest seed， of though the product，

The sages searching in their hearts with wisdom，

Found out the bond of being in non being.

㈤輝光自流行，還渡彼玄冥。太一在何所，上下任追尋。有「勢」能生生，有「力」能潤生，「潛能」藏在下，「生意」滿天庭。

5.Their ray extended light across the darkness.

But was the One above or was it under？

Creative force was there， and fertile power.

Below was energy， above was impulse.

㈥此義孰能信？此義孰能宣？太一由何生？造化由何成？既有此造化，乃有諸神明。吁嗟此太一，孰知其自生？

6.Who knows for certain？ Who shall here declare it？

Whence was it born， and whence came this creation？

The gods were born after this world's creation.

Then who can know from whence it has arisen？

㈦造化何自起，知者更無人。太一果生物，抑或無所生？伊彼

妙觀察？高居在蒼旻。唯彼眞能知，或共「不知行」。

7.None knoweth whence creation has arisen;

And whether he has or has not produced it:

He who surveys it in the highest heaven,

He only knows, or haply he may know not.

(按：唐譯第五首第二行「還渡彼玄冥」，想係「遠渡彼玄冥」之誤)。

對於唐譯「創造之歌」，我認爲須「檢討」者有兩點：

1 既要「以韻語重譯」，就得懂得用韻，不懂得用韻，有何韻語之可言？

2 既云「重譯」，不管在自己是「試譯」與否，都得有獨出之處。我沒有看過高觀盧和麋文開二位先生的譯作，不敢妄下批評，但捧誦唐氏的譯作，知道他於五言詩方面比較少涉獵，所以未見出色。或者因爲他是治哲學的，不是治文學的，這是難怪，何況治文學的也常有眼高手低的現象呢！

我發表這篇文字，決不是故意評訐唐先生，而是愛護唐先生，因爲他在海外算是一個有名的學者，偶然在他研究的範圍之外出了毛病，是可以原諒的，何況一般旁觀者不明瞭這點，或者要懷疑他的成就也是靠瞎吹亂擂來的呢！

爲圖挽救海外儒林的頹風，唐先生應該容許我發表這篇文字罷！說得過份的，請唐先生原諒，指敎！

茲重譯如下：

㈠無名元無存　混沌何所有　在上無穹蒼　在下曷颼颼

　伊誰潛其中　伊誰護持久　能測其淵淵　能辨其玄黝

㈡廖廓復靜寂　無死亦無生　黑夜與白晝　未割莫能名

　太一具願力　橐籥乎虛淸　本來無一物　惟彼獨靈明

㈢太始有玄冥　漆墨中潛藏　浩浩無涯岸　活水自決決
　幻化又作育　瀲瀲鎖洪荒　太一藉熱力　以蕃以滋長
㈣太初有業力　感動彼太一　是生親因緣　塵想日以出
　聖者凭睿智　自證其心術　顯見無名中　眾甫繫其絆
㈤原光殊皓皓　橫被玄冥域　太一在何許　上下孰承翼
　展布創造能　豐饒靡有極　其內蘊元氣　其外顯衝力
㈥伊誰具灼見　斯義誰能宣　眾甫來奚自　化工孰成全
　乾坤基已奠　乃育諸神仙　伊誰卓覺解　知其所以然
㈦化工從何起　斧鑿了無痕　經綸出眞宰　抑彼非物元
　高居穹旻上　明察遍凡塵　唯彼稱全智　抑麻木不仁

　　按：第六首中的“Creation”和它的代名詞“It”是指「所造」，而非「能造」，故不得譯作「太一」。

（發表於新聞副刊，菲華文聯季刊）

# 感 謝 的 話

我賦性魯純，少時失學，復閱亂離，苟非上主恩眷，無以成立。渡菲後奔走衣食，學殖荒疏，所撰所譯，都是百忙中的「急就章」——每天下午課餘，赴報館校完大版，再提起筆來，找個題目，寫出一篇東西，或做一次登載，或分幾次發表；有的是一氣呵成，有的要許多天才寫完；每篇短長不一，有兩三段的，有五六段的，十幾段的。刊出後雖經剪存，但因生活無定，散失殊多！

先嚴宣道之餘，以善解四書、古文鳴；先大舅父（何劍華烈士）以筆鋒犀利稱；先二舅何其光牧師原爲刀筆之士・與陳尙友（伯達）鄉先輩，同喜舞文弄墨；先表兄（劉鏡湖牧師）是一位良師，平民教育工作者；先長兄（王新民教授）是博洽的文、史、哲學人；仲兄（藏珠盒）擅書法、新詩、小品・這些長輩，除先大舅父外，都直接影響到我。

在治學方面受先長兄敎益最多。一九三四年秋，大哥從舊京歸來，把我帶到漳州，爲他看孩子・一年後讓我升學尋源中學。一九三六年秋我才離開大哥的家，成爲寄宿生。這兩年中，我念了許多學術性質的書籍、報、刊。我每要念一本書，問大哥：「這本書是講什麼的?」「不知道！你自己念罷！」等到我念完了那本書，向大哥講述心得時，他才加以補正。大嫂（李文英女士）給我講解過哲學、書法。

　　鼓勵我出版這本詩論集的王德明兄，他好幾次告訴我：「你說詩的文章是有價值的，應該多多努力。」

　　經過許多周折，初版得了楊文拱先生的資助，上官世璋長老，吳勝利先生、藍廷駿先生的校訂、支持，這心願才得實現。又獲僑務委員會的嘉許，駐美洛衫磯文教服務中心許引經主任的推薦，中央研究院院士勞貞一老教授鼓勵在國內刊行，國立師大教授盧增緒仁兄的協助，得以校訂再版。我感激上主用恩惠慈愛厚待我，銘記長輩對我的造就，並在此向幫助我完成這心願的摯友致謝！